제주의 13월

늘작늘작 댕기멍
. . .

이혜숙
산문집

제주의 13월

늘작늘작 댕기멍
...

말그릇

차례

1부

번영의 길을 달리면 유토피아를 만나리라 • 8

미나 의상실 • 16

두부 왕의 추락 • 28

표선 오일장 주막에서 • 37

춘자 씨의 '과거를 묻지 마세요' • 45

마음 풀고 오는 의원 • 55

'보석상자'에서 찾은 것 • 68

작은 여자가 사는 방법 • 86

칭찬 나라의 빈부격차 • 92

친절이 나를 풍수로 만들지라도 • 101

뒤바뀐 소개팅 • 110

춘자 삼춘, 미나 삼춘 • 122

사러가 쇼핑 • 129

어쩌다 카페 귀때기 • 134

2부

카페 물썹 • 140

어린 귤나무와 시인 • 158

홍랑의 언덕에서 • 165

신성한 나무 • 177

고사리 이야기 • 184

개망초 다이어리 • 195

유사 봄날의 드라마 한 편 • 204

태풍도 직무유기를 할 때가 있다 • 212

안녕, 도요새 • 216

처음 해녀를 본 날 • 222

영화 〈물꽃의 전설〉을 보고 • 228

제주에는 '학교바당'이 있습니다 • 233

바람이 사람을 세운다 • 242

차 덖는 시간 • 250

환상 풍경 • 260

에필로그_ 일뤠 강생이, 배롱허게 보이는 것처럼 • 282

1부

번영의 길을 달리면 유토피아를 만나리라

사이비 종교 구호 같은 이런 말을 제목으로 쓸 줄은 몰랐다. '번영', '유토피아' 같은 단어와는 상관없이 살아온 내가. 번영은 나라, 사회처럼 광범위한 단어와 어울리지 소시민에겐 너무 거창한 말, 유토피아 또한 현실성 없는 말 아닌가.

내 현주소가 그렇다. 서귀포시 표선면 번영로 대○유토피아 아파트. 세금 고지서를 받을 때도 우편물을 부칠 때도 이 희한한 조합을 확인하게 된다.

제주 공항에서 표선면으로 가는 길이 번영로, 마지막 지점에서 오른쪽 길로 접어들면 대○유토피아 아파트가 나온다. 외진 들판에 집도 몇 채 없는데 아파트 단지가 떡 하니 있다니, 좀 생뚱맞긴 하다.

아파트 입구엔 대학교 정문처럼 대리석 기둥이 서 있고, '웰컴 투 유토피아'라고 쓰여 있다. 야자수가 있는 로터리, 사철 꽃이 피는 정원, 자전거 타는 아이들, 개와 산책하는 젊은 부부들…. 정문에 들어설 때마다 환영받는 나도 선택받은 유토피아 시민인가? 이 민망한 기분을 뭐라 할지.

남편에게 정년퇴직하면 제주 일 년 살기를 해보자고 했다. 기왕이면 바다가 보이는 작고 예쁜 집에 살고 싶었지만, 그런 집은 찾아도 없었다. 남편은 이참에 아파트에서 살아보자며 바로 계약해 버렸다. 먼저 꼬드긴 나로선 이의 제기할 처지가 아니었다.

사실 내가 걱정한 것은 퇴직한 남편과 온종일 같이 있는 일이었다. 선배들 말이 남편이 '밥벌이의 지겨움'에서 벗어났다면, 아내에겐 '밥 차리기의 지겨움'이 기다리고 있다 했다. 뭔가 슬기로운 대처 방법이 필요했다. 개미지옥에 빠지지 않으려면 낯선 생활만 한 게 없으리라.

그렇게 우리는 번영의 길을 달려 유토피아에 들었다.

처음엔 오름이나 바닷가 길 걷기, 관광지 찾아가기로 바빴지만, 집에 있어도 할 일이 많았다. 제주에선 '하루

종일 땅을 파 봐라, 동전 한 닢 나오나'라는 말이 무색하다. 팔 것도 없이 보기만 해도 거저 생길 때가 많으니 말이다. 일정을 적어 보면 이렇다.

1월, 귤잼 만들기, 귤칩 말리기.

2월, 무차 덖기.

3월, 비트차 덖기.

4월, 고사리 꺾기.

5월, 죽순차 덖기.

6월, 번행초로 나물하고 차 만들기, 방풍잎 장아찌 담그기.

7월, 병풀차 만들기, 보말(바다고둥) 따기.

8월, 청귤청 담기, 감물 들이기.

9월, 어성초 엑기스 담기.

10월, 동백 씨앗 주워 와 말리기.

11월, 동백기름 짜기.

12월, 감귤 따기.

일부러 일거리를 찾아다닌 건 아니다. 고사리 꺾고 오는 길에 녹산로 유채꽃 길을 드라이브하고, 신풍리 벚꽃길을 달리다가 차 세우고 무를 가져 오는 식이다. 더위를 피하려고 해수욕장 솔숲에 갔는데 병풀과 번행초가 지천, 한참 뜯다 보면 해변 축제를 알리는 음악 소리가 들린다. 달려가 어깨춤으로 흥까지 발산하면 일석삼조. 일 따로 놀이 따로 구분이 없었다.

일 년이 금세 흘렀다. 정靜에서 동動으로 점프한 시간이었다. 고인 물 같던 내가 흐르는 물을 넘어 아예 물고기가 되었으니, 돌아갈 날이 다가올수록 초조할 수밖에. 살고 있으면서도 그리운 향수병, 증세가 그랬다. 입맛을 잃고 우울했다. 안 되겠다. 정면 돌파다. 남편에게 도저히 떠날 마음이 생기지 않는다고 했다.

"일 년 더 살면 안 될까?"

고심 끝에 꺼낸 말인데, 의외로 대답이 싱거웠다.

"그러지 뭐."

봄이 되자 고사리 주문이 들어와서 마음부터 바쁠 때, 남편이 집에 다녀와서는 뜻밖의 말을 꺼냈다. 그동안 충분히 쉬었다면서 용인에서 일을 시작하겠다고 했다. 이런 비상사태가. 나도 덩달아 묻어 가야 하나?

"당신은 여기가 잘 맞으니까 더 있어. 내가 한 달 일하고 일주일 쉬러 내려오면 되잖아. 제주도에 세컨하우스 있다고 생각하면 좋지 뭐."

'이런 바람직한 생각을! 아주 마음에 드는 결정이야.'

마음의 소리가 나올 뻔했다. 우선 표정 관리부터.

"그럼 내가 세컨드야? 용인 가면 본처, 제주에선 세컨드?"

비음 섞인 목소리가 내 귀에도 닭살 돋았지만, 살아온 경험으로 보면 그래야 일이 잘 풀린다. 남편이 두 번째 집에 왔을 때 마주치는 얼굴이 마누라하고 똑같이 생겨서 좀 안된 일이지만, 나로선 조상님의 은덕에 감읍할 따름. 도대체 나라를 몇 번이나 구하셨는지….

드디어 주부 해방! 남은 기간은 오롯이 나만의 시간. 남편을 한 달에 한 번 만나니까 반갑기도 했다. 수십 년 살아온 부부에게 애틋한 감정이 생긴다는 것, 서로의 이야기에 귀 기울여 주는 것, 말투와 눈빛이 부드러워진 것…. 제주살이를 하지 않았으면 가능했을까.

제주의 2년은 그렇게 지났다. 원위치로 돌아가야 할 때가 다가왔다. 그런데 사람 마음 참 알 수 없다. 내가 바람이 나고 말았다. 그것도 사람이 아닌 제주 자체를 사랑하게 되었으니…. 이제 겨우 손끝만 스쳤을 뿐인데, 손

목도 잡고 싶고 품에 안기고도 싶은, 아니 곁에 있기만 해도 좋을 것 같은 심정. 어쩌냐, 이 딱한 짝사랑을.

 한 해 더 있기 위해서 방법을 찾아야 했다. 그 명분은 글 쓰는 일이었다. 제주에 내려오던 해에 산문집을 낸 터라 당분간 쓸 마음은 없었다. 한동안 읽고 싶지도, 쓰고 싶지도 않았다. 그렇지만 남편에게 내놓을 카드가 그뿐이었다. 부지런히 공모전을 뒤지고 기억을 더듬어 소재를 찾기 시작했다. 남편에게 제주 이야기를 생생히 쓰려면 제주에 있어야만 한다고 강조했다. 핑계인 줄 알면서도 남편은 내 휴가를 연장하라고 했다.

 "하긴, 당신이 올라오면 나도 제주에 올 일이 없겠지. 한 달 일하고 쉬러 내려간다고 하면 남들이 다 부러워했어."

 공모전 마감일이 촉박해 설날에도 집에 가지 않았다. 독신녀 작가 모드로 돌입, 도서관으로 카페로 다니면서 키보드를 건반 삼아 열심히 연주하는 모습, 객관적으로 봐도 그런 내가 멋졌다. 하지만 불순한 목적으로 급조한 글이 선정될 리가 있나. 미역국은 당연한 결과였다.

 그래도 그 도전은 큰 힘이 되었다. 질적으론 형편없지

만, 반년 만에 한 권 분량을 써보기도, 밤낮없이 한 가지 일에만 몰두했던 시간도 처음이었기 때문이다.

눈이 피로하면 안경을 벗고 바다를 보곤 했다. 헤밍웨이의 《노인과 바다》가 떠올랐다. 수평선 멀리에 늙은 어부 산티아고의 배가 나타날 것 같았다. 그가 싣고 온 물고기가 거대한 청새치가 아니라 상어에 뜯기고 남은 뼈뿐인 게 어쩐지 그때의 내 상황과 닮은 것처럼 느껴졌다. 내가 건진 게 완성된 글이 아니라도 좋았다. 그물에 들어온 시간만으로도 족했다. 청새치 뼈를 추리는 심정으로 다시 도전하기로 했다. 제주에 더 있으려는 핑계가 아니었다.

처음엔 나와 상관없었던 번영과 유토피아. 두 단어가 다시 보인다.

'번영'의 사전 뜻매김이 '번성하고 발전하여 영화롭게 됨'이라 해서 거창하게만 생각할 필요는 없다. 작은 변화가 이어져 달라지는 모습이라면 나도 번영의 길에 들어섰다고 할 수 있지 않을까. 소소한 기쁨을 느꼈던 일거리와 만난 사람들, 새롭게 알게 된 사실, 욕심과 조급함을 내려놓기 시작한 것부터 한 걸음, 걸음이 더해 가는 일일 테니.

　돌아보면, 알게 모르게 많이 상처받으며 해진 세월이었다. 좋은 관계라 해도 자유로운 것은 아니었다.

　태어나서 처음으로 혼자의 시간을 보내고 오롯이 나 자신과 놀았던 날들이 삶에서의 쉼표였다. '쉬멍' 할 수 있었던 제주야말로 유토피아가 아닐까. 이만한 이상향을 어디서 찾을 수 있을까.

　오늘도 번영의 길을 달려 유토피아로 향한다.

미나 의상실

저녁 장을 보러 나온 길에 옷 수선을 맡기려고 세탁소에 갔다. 세탁소 주인이 수선은 안 한다면서 골목 안쪽에 수선집이 있다고 알려 주었다. 이 시각엔 문을 닫았을지도 모른다는 말까지 친절하게 덧붙였다.

골목에는 수선집은 없고, 가축병원 옆에 간판도 반듯한 '미나 의상실'이 있었다. 의상실이라니, 골목에 들어선 순간 1970년대쯤으로 간 것만 같았다. 복덕방, 문방구와 함께 의상실도 이미 과거가 된 단어 아닌가. 요즘 아이들은 복덕방을 떡집인 줄 알거나, 문방구는 문 열면 방귀 소리가 나느냐고 되묻기도 한다. 마찬가지로 의상실이 옷 맞추는 곳이라고 해도 잘 이해하지 못한다. 옷은 공장에서 대량생산한다고 알고 있기 때문이다.

'라떼는' 의상실이 제법 있었다. 하지만 나도 기성복 세대라서 의상실은 엄마들이 큰마음 먹고 옷을 맞춰 입는 곳이었다. 내겐 초등학생 때 인형 옷을 만들려고 자투리 천을 얻으러 다닌 게 의상실에 대한 기억의 전부다.

그랬던 의상실이 귀엽기까지 한 '미나'라는 상호로 골목에 자리하고 있으니 신기하고 정겨웠다. 가정집 벽에 문과 쇼윈도를 낸 듯, 그 너머로 모직 코트를 입힌 마네킹이 보이고 안쪽엔 재봉틀이, 벽면엔 갖가지 천이 진열되어 있었다. 세탁소 남자 말대로 역시나 문은 닫혀 있고, 잠긴 문에 붙은 쪽지가 보였다.

"안에 있으니 전화 주세요."

전화를 하자 곧 나갈 테니 기다리라는 여인의 목소리가 들렸다.

잠시 후 안에서 손잡이를 돌리는 소리가 났다. 문이 열리자 앉아 있는 여인이 보였다. 앉은걸음으로 와서 팔을 뻗어 문을 열어준 모양이었다. 다리뿐 아니라 등도 장애가 있어 보였다.

"염색허단 나왔수다. 옷 수선허레 옵디가?"

새까만 염색제를 바르고 비닐 헤어 캡을 쓴 것을 보아 나이가 짐작되었다. 의외로 목소리가 경쾌하고 맑았다. 영업이 끝난 후 같았다.

"번거롭게 해서 죄송해요."

"아니우다. 나 집이라 괜찮수다."

가지고 간 옷이 가죽과 스웨이드 천이라 수선비를 많이 달라거나 못 하겠다고 돌려줄까 봐 눈치를 살폈다. 여인은 그 정도는 일도 아니라는 듯 초크로 표시한 후 다음 날 찾으러 오라고 했다. 목소리만큼이나 시원시원한 여인이었다.

"나가 지금은 골목에서 수선이나 햄주마는(하고 있지만), 의상실 한 건 52년이라. 50년 전엔 이 표선면에 의상실이 일곱이나 됐주. 그중 우리 가게가 젤로 크고 인기가 이서서. 옷 잘 맹근댄(만든다고) 잡지, 신문에도 실렸고. 표선 멋쟁이들 입은 옷은 다 나가 만든 거주게."

50년 외길 인생이라고 자신할 만도 했다. 그때 나는 자투리 천을 얻으러 다니는 초등학생이었는데, 여인은 벌써 실력을 인정받은 기술자였으니.

"의상실이 그렇게 많았다고요? 서울에서도 옷을 맞춰 입으려면 특별한 날이나 맞추곤 했는데. 표선에 잘사는 사람들이 많았나 봐요."

"들어보쿠가(들어볼래요)? 좀 논다는 소나이(사내)덜은 다 표선으로 몰려왔주. 술 먹으레 가자 허면 성읍리, 저 서귀포에서도 몬딱(모두) 이레(이리) 왔주. 당케포구에 배도 많이 들어와서(들어왔어). 표선은 조선시대부터 주막이 많앗어. 댕기멍(다니면서) 골목골목 술집 이신(있는) 거 봐실 거라."

그러고 보니 골목에 모여 있는 작은 술집들이 떠올랐다. 창문이 없어서 실내가 보이지 않았다. 오래전 도시 번화가 뒷골목에서 봤던 술집이 그랬다. 작은 출입문에 '꽃마차', '청담 살롱', '러브' 같은 상호만 크게 쓰고 장미꽃이나 칵테일 잔, 가슴 큰 여자 그림으로 도배하다시피 했던 80~90년대 술집들. 동네에 엇비슷한 술집이 있는 게 이상하긴 했다. 다니다 보면 건물이 2, 3층만 돼도 단란주점이나 노래텔 같은 간판이 하나씩은 보였던 것도 생각났다.

이야기가 흥미로워서 말꼬리를 잡았다.

"술집이 많았다고 해도 의상실은 왜 많았던 거죠?"

묻는 도중에 이유를 알 듯했다. 술집이 많으면 접대하는 아가씨들이 많았을 테고, 양품점이 없을 때라서 의상실에서 옷을 맞췄을 거라는 것. 혹은 술 마시고 사고 친 남편이 사죄하며 상납한 돈으로 부인들이 옷을 맞춰 입기도 했을 거라는….

"그때 나한티 옷 멩글아(만들어) 간 어멍(엄마)들은 지금도 맞추러들 오주. 목 좋은 디(데) 크게 출렸던(차렸던) 의상실은 안 헌 지 혼참(한참) 됐주게. 단골이 이시난(있으니) 집이다 가게를 출린 거주."

 의상실은 기성복에 밀려 사라졌지만, 이곳 술집은 50년 전이나 지금이나 공급과 수요의 균형이 맞는 걸까.

 도시라면 한창 북적일 저녁 여섯 시에 문을 닫는 카페를 보고, 해 떨어지면 동네가 조용한 줄 알았다. 그 시각이 지나서야 영업을 시작하는 밤에 피는 꽃이 있었을 줄이야. 밤에 나올 일이 없었으니 몰랐던 거다. 그렇지만 그런 술집을 찾을 손님이 어떤 사람일지는 짐작이 갔다. 보나 마나 50년 전의 그 아방(아버지)들일 거라고.

 표선의 밤 문화는 그 덕에 불이 꺼지지 않는지 모를 일이다. 연결고리처럼 구제품 가게에서 만난 단란주점 여인이 떠올랐다. 여인은 낼모레면 칠십이라면서도 가죽 핫팬츠를 손에서 놓지 못했다. 거기까지 생각이 미치자 웃음이 나왔다.

 늙은 사내는 룸살롱에서 호기를 부릴 정도의 경제력은 있고, 같이 늙어온 마담은 여전히 눈웃음치며 술을 따르고, 남편 때문에 속 썩는 아내는 바가지 긁어서 받은 돈으로 단골 의상실에서 옷을 맞춰 입고…. 선순환이라고 해야 할지, 악순환이라고 해야 할지. 아무튼 그랬다.

이 정도면 화끈한 동네 아닌가. 활어처럼 생기 넘치는 동네라는 생각이 들었다.

미나 여인만 봐도 그랬다. 장애인을 보는 시선에 단련되어서인지, 묻지도 않은 말을 먼저 꺼냈다.

"다섯 살 때 높은 디서 떨어져신디, 그때 허리에서 '딱' 소리가 나더라고. 한쪽 다리를 크게 다쳤주. 우리 어멍, 아방이 어떵행이라도(어떻게 해서라도) 고쳐 보젠(보려고) 사방팔방 안 다닌 데가 엇어(없어)."

"저런, 어렸을 때 다치셨군요."

"하루는 말 탄 아저씨가 나 앞에 나타나신디, 무사(왜) 경(그렇게) 무섭던지 몰르크라(모르겠어). 그 사람이 다리를 멩주(명주)로 감고 버들가지로 칭칭 동여매신디, 사흘이 지나니 다리는 푸르죽죽허고 눈알까지 뻘겅해진(뻘개진) 거라."

"다친 다리를 묶으면 어떡해요? 혈액순환이 안 됐을 거 아니에요?"

"재우(겨우) 낫아가단 아주 못 쓰게 된 거주. 완전 돌팔이. 나중에 알앙 보난(알아 보니) 동네에 감기 걸린 아리(아이) 둘을 치료허단 벙어리 만들어부럿댄 허더라고. 그때 도망가사 해신디. 메칠(며칠) 전 코로나 백신 맞앙 벵원에서 오단 넘어젼, 성했던 다리마저 다천 이렇게 밀멍(밀며) 댕기는 신세인 거라."

누구를 원망하거나 신세 한탄을 하는 어조가 아니었다. 젊은 시절 솜씨 좋기로 유명했다고 자랑했던 말투와 같았다. 말 속에 동정은 사절한다는 의지가 엿보였다. 호기심으로 곁눈질하지 마라, 속 시원히 얘기해 주마 하는 태도랄까.

"경해도(그래도) 손은 멀쩡허여. 미싱 돌리는 덴 문제 엇주. 손 놓앙 집에 처박혀 잇이민(있으면) 죽어지크라. 일을 해사 산 목숨이주."

미나 여인이야말로 진정한 제주 여인이었다. 내가 만난 여인들은 일과 삶을 동일시하는 모습이 마치 한 핏줄을 타고난 자매들 같았다. 물리치료를 받으러 오는 해녀 할머니들도 수십 년째 물질을 하고, 40년 동안 멸치국수 하나만 팔아온 춘자 여사도 건강이 허락하는 한 국숫집을 그만둘 사람이 아니었다. 짜장면집 카운터를 보는 여인도, 오일장 생선 장수도 일흔을 넘긴 나이였는데, 역시나 젊었을 때부터 일을 놓은 적이 없다고 했다. 제주에선 경력 10년, 20년은 명함도 못 내밀 터.

한쪽에는 어둠 속에서 표선의 경제를 살리느라 놀기 바쁜 하르방들이 있다면, 또 다른 쪽에는 당차게 살아가는 할망들이 건재하는 표선. 지명을 해석하자면 '겉만 봐선 모른다, 걷어내면 그 속이 다 선으로 가득한 동네다'가 될까.

미나 여인이 살아온 이야기는 계속 이어졌다. 사람 좋아하고 말하기 좋아하는 여인이었다. 문을 열어주었을 때 머리 염색약을 잔뜩 바르고 있었는데, 30분은 족히 지났다. 저러다 두피까지 새까맣게 물들겠다는 생각에 얼른 일어서야 하는데도, 여인의 제주어가 귀에 착착 감겨 일어나지 못했다.

집에 돌아와서도 미나 여인이 생각났다. 밝은 표정, 활달한 목소리, 자신감 넘치는 태도…. 그러나 이내 여인의 불편한 몸이 자꾸 떠올랐다.

남에게 아름다운 옷을 지어주면서도 정작 자신은 입을 수 없음을 생각하자, 여인에게 제주도 현무암이 오버랩 되었다. 구멍이 숭숭 뚫린 검은 돌. 장애인이 되었던 어린 시절부터 얼마나 많은 구멍이 그 몸에 생겼을까. 낯설게, 혹은 딱하게 보는 시선도, 행동이 자유롭지 못한 몸도 흉터처럼 남은 구멍이 아닐지. 사랑한 사람은 있었을까. 사랑을 품은 가슴마저도 하나 더한 구멍은 아니었을까.

할 수 있는 것보다 할 수 없는 일이 더 많았을 세월. 그래서 오로지 옷 만드는 일에만 전념했을까. 장인이 되기까지 참 많이도 외로웠을 시간이 그려졌다. 자신이 만든 옷을 입고 거울 앞에서 포즈를 취해 보는 여자들을 보면서 어떤 마음이었을지….

어느 순간 퍼뜩 생각이 바뀌었다. 그게 아닐 수도 있다는. 마치 여인의 눈으로 보는 듯한 장면이 새롭게 펼쳐졌다.

맞춤옷을 입은 여자가 한 바퀴 돌면서 여인에게 엄지 척해 보인다. 한결같은 솜씨라고, 역시 믿고 맡길 만하다고 칭찬한다. 새 옷을 입기 전엔 두루뭉술했던 여자가 모델이라 해도 믿을 만큼 세련되게 변했으니, 한층 상기될 수밖에. 여인도 흡족해하는 여자를 향해 웃어 보인다. 그러나 눈은 옷을 입은 여자가 아니라 자신이 만든 옷을 보고 있다. 바닥에 펼쳐놓았을 때는 천 조각에 불과했던 것에 한 땀 한 땀 재봉틀을 돌려 숨을 불어넣는 손, 드디어 평면에서 입체가 된 옷. 작품 하나가 완성된다. 낙관을 찍은 그림, 퇴고를 끝낸 원고, 작곡을 마친 악보처럼….

그 순간의 희열! 자신이 만든 작품에 취한 예술가의 흐뭇한 표정. 여인이 당당해 보였던 이유가 아니었을까.

구멍이 상처 난 자리라는 생각은 장애인에 대한 편견이었다. 현무암은 그 구멍에 물을 담고 공기를 품는다. 비가 오면 땅으로 스며들어 건천이 돼도 식물이 무성하게 자라는 모습을 보면, 생명을 키우는 것이 바로 땅속의 구멍 난 돌이 아닌가 싶다.

미나 여인이 바로 그런 돌이었다.

안개 숲

두부 왕의 추락

제주도에 오기 전에는 오일장이라 하면 난전亂廛을 생각했다. 용인 오일장은 경안천변 도로에 장이 서고 평상시엔 차도다. 지방의 오일장은 대부분 난전이다. 희한한 건 제주도 오일장은 건물 안에 선다. 워낙 바람 세기로 유명한 곳이라 그런지 벽과 지붕이 있다. 벽돌로 견고하게 쌓은 건 아니고 철골 기둥에 벽을 두른 형태다.

표선 오일장은 디귿 자 형태로 세 개 동이 있다. 가장 큰 왼쪽 건물은 주로 채소와 과일, 잡화 등을 판다. 가운데 건물은 생선가게다. 갈치나 고등어는 물론 옥돔, 쥐치, 딱새우처럼 육지에선 보지 못했던 생선 종류를 구경할 수 있다. 오른쪽 조금 작은 건물은 오일장에 없어서는 안 될 화룡점정, 국밥집이 있다.

오일장에서 가장 인기 있는 가게는 두부 집이다. 건물 안에 있는 건 아니다. 사실 두부 집, 아니면 가게라고 하기도 애매하다. 주차장 옆 돌담 아래 세워진 자동차에서 두부를 팔기 때문이다. 오래된 소나타 뒷좌석과 트렁크에 두부 모판을 잔뜩 싣고 '두부 자동차'가 나타나면, 시장은 생기와 긴장이 동시에 감돈다. 영업 개시하기 전부터 열에서 스무 명 남짓 줄 선 사람들 뒤로 금세 마흔 명, 쉰 명이 줄을 잇기 때문이다. 줄 서서 살 만큼 두부가 인기 있다 보니 다른 가게들도 덕을 볼 게다. 아니, 오일장 전체가 활기를 띤다고 봐야 한다.

나만 해도 그렇다. 표선에는 하나로마트를 비롯해서 크고 작은 할인 마트가 대여섯은 되고 편의점도 수두룩하다. 굳이 오일장에 가지 않아도 장보기는 어렵지 않다. 그런데도 오일장을 기다리는 이유는 두부 때문이다. 김이 무럭무럭 나는 모두부, 따끈한 순두부에 도토리묵과 메밀묵이 주종인데 맛은 물론 가격까지 착하다. 종류별로 다 사도 만 원이 안 된다. 그중 순두부는 한두 시간 만에 완판이라서 그걸 차지하려고 미리 줄을 선다. 특히 여름엔 콩국물이 대인기라 땡볕을 견디면서 줄 서는 사람들이 많다. 5분만 서 있어도 땀범벅이 되는데 30분 이상 줄 서는 것을 마다치 않으니 웬만한 맛집은 명함도 못 내밀 정도다.

요즘은 맛집 순례가 유행이라 줄 서기도 세련되게 웨이팅 한다지만 나는 맛집을 포기할지언정 기다리는 일은 하지 못한다. 그런 내가 두부 앞에서는 줄을 선다. 줄 서는 동안 구경거리가 쏠쏠하고 거저 듣는 정보도 많아서다.

할머니들이 성게 이야기 하시는 걸 귀동냥한다.

"육지 성게는 훌근훌근허니(굵고) 크긴 헌디 맛이 엇어(없어). 우도, 추자도 성게 맛을 따라갈 수 엇주."

'육지라 함은 남해를 말하는 건가요?'

불쑥 물으려다 나한테 한 말이 아니어서 입 다물고, 우도와 추자도를 머리에 입력해 둔다.

"넘은(지난) 장에 산 두부를 다 먹지 못해 데껴부러신디(버렸는데), 오널(오늘) 또 사젠(사려고) 이러고 이서."

한 할머니가 혼잣말 비슷하게 하자 여러 할머니가 나서서 훈수를 둔다.

"상하지 않았으민 냉동허지 아깝게 베렸수과(버렸어요)?"

"냉동허민 영양도 더 이신디."

얼린 두부가 영양이 많다는 말이 의심스럽지만, 이번에도 냉동하면 된다는 말만 입력한다. 선불리 말을 붙였다가 두부를 버린 할머니처럼 살림 못 하는 사람 취급할까 봐 가만히 있는 쪽을 택한다. 얼마 전에 봉변당하는 여자를 봤기 때문이기도 하다.

그날도 줄이 제법 길었다. 젊은 여자가 아저씨에게 물었다.

"콩 원산지가 어디예요?"

아저씨는 대답하지 않았다. 못 들은 것 같지는 않았는데. 대신 여기저기서 한마디씩 했다.

"그거이(그게) 궁금하면 무사(왜) 줄 서고 이서?"

"마트로 가야주. 포장한 두부 사 먹지."

"하이고, 원산지 따지고 인물 났져."

놀랐다. 아저씨의 팬층이 이렇게나 두텁나 해서. 그리고 할머니 팬들의 합당하지 않은 논리에 대해서. 누구도 그 여자의 궁금증을 풀어주지 않았다. 오히려 질문이 큰 잘못인 양 몰아세웠다. 조용히 말해도 싸우는 것처럼 들리는 제주어는 사뭇 공격적이었다. 여자는 말 한 번 잘못 꺼내서 공공의 적이 되고 말았다.

그때 아저씨의 표정을 보았다. 여유롭다고 할까, 의기양양하다고 할까. 느긋하게 한마디.

"이천 원짜리 두부요, 이천 원."

국산일 리 있겠냐는 말이었다. 할머니들도 중국산인

게 당연한데 왜 잘난 척 나서냐는 듯, 아저씨와 할머니들의 대동단결은 더 말할 나위가 없었다. 그 여자가 줄에서 빠져나갔는지 입 다물고 서 있었는지는 모르겠다. 어떤 결속 앞에서는 바른말이 틀린 말이 될 수도 있음을 확인했을 따름이다.

줄 서기라는 게 참 묘하다. 줄이 길다는 이유 하나만으로 품질보증이 되니 말이다. 아는 사람은 그 품질을 믿고 서지만, 누군가는 그저 궁금해서 선다. 소문 때문에도 선다. 일단 줄이 생기면 두부 장수의 존재는 점점 더 줄 선 사람들을 압도하기 시작한다. 보통은 사고파는 사람 사이에 갑과 을의 관계가 형성되고, 돈을 주는 사람이 갑이기 마련인데 여기서는 내 돈 주고 사면서도 을처럼 행동하는 경우다. 매진 임박이라는 압박이 그렇게 만든다.

아저씨의 당당한 태도도 한몫한다. 아저씨는 봉지 없이 콩물 병을 집어 드는 사람들을 용납 못 한다. 나서지 말고 주는 대로 받아 가라고 명령(?)한다. 병뚜껑을 잡은 손에 의해 세균이 생길 수 있으니 반드시 봉지에 넣어가라고 한다. 아저씨에게 야단맞은 몇 사람을 보면 다들 고분고분해진다. 비록 명령조이긴 하지만 그 말에 신뢰가 가기 때문이리라. 아저씨의 카리스마, 멋져 보인다.

여기선 원산지 표시보다 아저씨 자체가 품질보증이다. 당연히 인기가 높을 뿐 아니라 고정 팬층도 단단하게 형성되어 있다. 할머니 팬뿐만 아니라 남자 팬층도 무시할 수 없다. 아저씨는 두부와 묵 판을 켜켜이 쌓아놓는데, 두부가 팔리면서 층이 점점 낮아지면 새 판을 그 위에 올려야 한다. 자신의 차례가 가까워진 사람들이 알아서 판 정리를 해준다. 다른 아주머니나 할머니들도 나서지만, 주로 남자들이 그 일을 맡는다.

아저씨가 바빠서 도움을 받는 것 같진 않았다. 의자에 앉아 있어서 몰랐는데 한쪽 다리가 유난히 가늘어 보였다. 아저씨가 소아마비인 걸 알게 되자 몰아대던 할머니들의 연대를 이해할 수 있었다.

두부 장수를 중심으로 생긴 두부 나라. 순두부처럼 몽글몽글 따뜻한 나라. 모두부처럼 반듯하고 질서정연한 나라. 모두 한뜻으로 두부 왕을 따르는 평화로운 나라.

지난 장에서 본 두부 나라는 그렇지 못 했다. 그날따라 지열로 후끈할 만큼 덥고 습했다. 바람조차 없어서 줄 서기가 무척 힘들었다. 그래도 인내와 끈기로 줄 서서 기다리는 착한 백성들.

한 여자가 아저씨에게 사정했다. 아침 일찍 왔더니 두부 차가 보이지 않아 집에 갔다가 다시 온 길이라고 했다. 점심때 손님이 오기로 해서 콩물 세 병이 필요하단다. 아저씨가 대답하기도 전에 뒤에 있던 남자가 큰 소리로 말했다.

"여기 줄 선 사람들 안 보여요? 차례도 되기 전에 떨어지면 헛고생이잖아. 무조건 한 사람에게 한 병만 팔아요."

'1인 1병'을 외치는 남자 앞에서 아저씨의 손이 멈칫했다. 여자는 두부 왕을 믿고 다시 사정했다.

"저 두 번이나 왔다니까요. 세 병 주셔야 해요."

묘한 삼각 기류가 흘렀다. 여자는 '두 번'을 강조하며 선처를 바라는 눈치였고, 아저씨는 난감한 상황에 판단이 서지 않는 듯했다. 좀 전 그 남자는 눈빛으로 단호히 만류하는 레이저를 쏘아대고 있었다. 더위에 지친 사람들이 긴장된 분위기에 돌연 활기를 찾았다. 한 사람이 남자에게 말했다.

"아저씨가 맘대로 하면 어쩔 건데요?"

왕 마음이지 당신이 뭔데 참견이냐는 말은 생략했지만 표정이 말하고 있었다. 여자는 난세에 영웅이 나타난 것처럼 그와 두부 왕을 번갈아 바라보았다. 뜻밖의 적수를 만난 남자, 뽑은 칼을 도로 칼집에 넣었다간 망신도 그런 망신이 없을 터였다.

"뭘 어째, 장사 못하게 트렁크를 닫아 버리든지 해야지."

옆에 있는 나무를 주먹으로 내리치는 시늉을 했다. 이판사판, 붙을 테면 붙자는 강경수를 놓는 것이었다. 줄선 백성들의 눈이 이번엔 두 남자에게 향했다. 사뭇 살벌한 분위기였다. 웬일인지 아무 대꾸가 들리지 않았다. 대결은 싱겁게 끝났다.

이제 왕의 결단만 남았다. 아저씨는 사람들을 향해 외쳤다.

"한 사람에 한 병이요. 더 필요한 사람은 뒤에 가서 다시 서시오. 아니면 모레 고성 장날 오시든지."

한 사람에게 한 병만 팔겠다고 한 말에서 더하지 않았으면 좋았을 걸 그랬다. 원칙주의자로 남아도 좋았으련만, 이틀 후 고성 오일장에 오라니. 그 말투는 어떻게 대해도 자신을 따르리라는, 오만한 태도임에 틀림없었다. 기세등등한 남자의 눈치를 보는 비굴함까지. 한때 빛나던 카리스마는 어디에도 없었다. 추락하는 왕의 권위.

결국 여자는 물러나고 말았다. 남자는 큰일이라도 해결한 양 또 말했다.

"내 말이. 필요하면 다시 줄을 서야지."

못난 남자의 허세까지 구경거리에 포함하고 싶진 않았는데….

언제 소란이 있었나 싶게 줄은 순조롭게 줄어들기 시작했다. 그때부터 기다리는 일이 까마득하게 느껴졌다. 땀을 줄줄 흘리면서 서 있는 사람들이나 나나 서 있는 이유조차 모르고 있는 것처럼 보였다. 사정이 딱한 사람에게 누구도 양보하지 않고 나만 낙오되지 않으면 그만이라고 모른 척할 만큼 대단한 줄 서기였을까.

장터 마당에 조그만 나라가 있었다. 시끌벅적해서 정겹고, 의리와 믿음으로 똘똘 뭉치고, 솔선수범하는 사람들이 많던 두부 나라. 그 나라가 한순간 주저앉았다.

그걸 보고 있는 내 손엔 콩물 병 담은 검은 봉지가 들려 있었다. 한때 맹목적인 백성이었음을 증명하는.

표선 오일장 주막에서

 어릴 적 외가에서 자랄 때, 조용한 산골 마을이 새벽부터 부산할 때면 그날은 오일장이 서는 날이었다. 할아버지는 곱게 푸새한 두루마기 차림에 큰일을 하러 나서는 표정이었고, 할머니는 말린 고사리나 나물 보따리를 잔뜩 머리에 인 모습이었다. 무거워 보이는 보따리는 안중에 없이 할아버지는 빈손으로 먼저 나섰다. 당연하다는 듯 할머니는 비슷한 짐 보따리를 이고 진 여인들과 무리 지어 십 리 길을 걸어 장에 가셨다. 국수 한 그릇 값도 아까워서 점심을 거른 할머니는 집을 나설 때보다 얼굴이 홀쭉해져 돌아오셨다. 보자기에서 운동화나 눈깔사탕이 나오면 신이 나서 급히 찬밥 한술 뜨는 할머니의 굽은 등은 보이지 않았다.
 더 일찍 나가신 할아버지는 해가 져서야 손에 고등어 한 손 들고 돌아오셨다. 옷고름은 반쯤 풀려 있고 어떻게

집을 찾아왔는지 모를 갈지자로 휘적거리며 흥얼거리는 모습이었는데, 용케 고등어를 챙겨 왔다는 것으로도 금의환향 분위기였다.

난 그게 이상했다. 할아버지가 비장해 보이기까지 한 모습으로 나선 목적이 고작 고등어 한 손 사기 위해서였나. 할머니도 살 수 있는데 굳이 따로 가서 장을 보고 오는 건지.

그래도 달밤에 두루마기 자락에 생선 비린내를 풍기면서 돌아왔던 할아버지의 당당한 걸음은 그대로 동화이고 삽화로 남아 있다. 잊히지 않는 민속화다.

장터는 어른의 놀이터.

장터에 주막이 없다면 어른들은 어디서 놀았을까. 장터 한쪽에서 윷을 던지고 노름도 하고 출출해지면 주막으로 출석한다. 윗동네, 아랫동네 아는 얼굴 다 만날 수 있어서 좋고, 시시껄렁한 소리나 나누면서 한잔해서 또 좋고. 아리따운 주모가 눈웃음이라도 쳐주면 더 좋고. 하루가 온전히 희희낙락이었을 장날. 종일 신나게 놀고 나서 염치라도 차릴 겸 고등어 한 손 산 건 아닐까. 마치 그것 때문에 장에 간 것처럼.

내가 그리는 옛 장터 풍경이다. 남정네들의 속내가 살

짝 귀엽기조차 한 풍경. 장터엔 반드시 주막이 있어야 그림이 완성된다.

표선 오일장의 국밥집을 그냥 국밥집이라고 부르면 왠지 섭섭한 이유다. 주막이라고 해야 멋스럽다. 그래야 오일장은 오랜 전통의 옷을 입고 품격을 갖춘다.

예나 지금이나 오일장 풍경은 변함이 없다. 다만 제주도의 오일장은 일찍 파장한다. 다른 데 같으면 한창일 오후 한두 시면 벌써 끝난다. 서귀포시나 제주시 오일장처럼 큰 데가 아니면 대부분 비슷하다. 처음엔 나도 용인 오일장을 생각하고 오후나 되어서 장에 갔다가 국밥 한 방울도 얻어먹지 못하고 돌아왔다.

내가 국밥집보다 주막이라고 부르고 싶은 그곳엔 아리땁지도 않고 낭창거리지도 않는 주모 둘이 있다. 술추렴하는 남자들을 상대하다 보니 주모들도 진화한 것일까. 아니면 표선 오일장 주모의 선발 기준이 있는 건지. 두 여인 다 키가 훤칠하다. 165에서 170cm는 되어 보인다. 뚱뚱하지도 날씬하지도 않다. 어깨가 단단하고 팔이 길쭉해서 한눈에도 건강미가 넘쳐 보인다. 바지 차림에 장화를 신어서 뒷모습만 보면 남자처럼 보일 때도 있지만, 틀어 올린 머리에 시원하게 드러난 목이 여자인 나도 한 번 더 돌아보게 한다. 주방 안쪽을 넘겨보면 설거지하는 여인은 자그마하다. 설거지 여인의 선발 기준도 있는 듯, 간혹 사람이 바뀌어도 늘 작은 여인들이다.

 품목이 다양한 채소 동, 생선 동과 달리 주막이 있는 건물은 단출하다. 국밥집과 화원뿐이다. 순댓국과 꽃이라. 조화롭지 않은 듯해도 은근히 조화롭다. 순댓국을 목으로 넘기며 치자꽃 향기를 맡다 보면 누구라도 고개를 끄덕일 거다.

 아침부터 소주병 뚜껑부터 비트는 옆자리 남자들도 치자꽃 향기를 감지했을까. 그럴 리가. 그들의 시선은 주모의 목덜미에 붙어 있기 십상이다. 틈만 나면 주모를 부르기 일쑤다. 주모들은 국밥을 차려주다가 누가 술을 권하면 사양하지 않고 한 잔 받아 원샷 한다. 맥주, 소주, 막걸리 가리지 않는다. 농지거리하는 남자들 옆에 앉아서 몇 마디 들어주긴 하지만 오래 앉아 있진 않는다. 언제나 적당한 거리, 분명한 선을 긋고 있는 게 보인다.

 주모들이 젊은 편은 아니다. 사십 대는 넘었을 것이다. 어린 나이는 풋내나고 어설픈 데가 있지만, 더 이상 어리지 않은 나이는 농염하고 안정되어 보인다. 상냥함이나 애교 같은 건 아예 모른다는 듯 무뚝뚝하게 테이블 여기저기 옮겨 다니는 주모들에겐 포스 작렬이라는 말이 딱 어울린다.

그 여인들 앞에서 호기를 부리는 중늙은이들이 상대적으로 쩨쩨해 보이기 때문이다. 벽 쪽 싸구려 소파에 앉은 남자들은 어딘지 비슷한 데가 있다. 허리를 젖히고 다리를 꼬고 까딱거리면서 허세 떠는 모습이 그 소파를 무슨 회장실 소파쯤으로 착각하고 있나 싶다. 몇 시간이고 한자리에 앉아 오가는 사람들 불러 인맥 자랑을 하는 한량들. 국밥 한 그릇, 순대 한 접시에 소주 두어 병이면 한나절 회장 놀이 할 수 있는 그곳이 없다면, 아니 오일장이 없다면 어디서 어깨에 힘을 줄까. 주모들은 그들의 기분을 적당히 추어주면서 무시하지는 않지만, 내 눈엔 어린애로 보는 것처럼 보인다.

주모들이 누구에게나 무뚝뚝하기만 한 건 아니다. 주막엔 이런저런 사연으로 하소연할 데를 찾는 젊은 여자들도 찾아든다. 맥주 두어 병 시켜놓고 인생 상담을 한다. 그럴 땐 주모들이 깃을 펼쳐서 병아리를 들이는 어미 닭처럼 보이기도 한다. 진지한 얼굴로 이야기를 들어주느라 손님이 불러도 못 들은 체할 때가 있다.

표선 오일장

내가 만일 그 국밥집에 아르바이트로 나선다면 키가 작은 내 자리는 설거지통 앞일 확률이 높다. 내 친구는 그 여인들과 체격이 비슷한 데다 포스 또한 비슷하니 단박에 주모로 발탁될 터이다. 어느 하루 그 주막에서 일하고 싶을 때가 있다. 그 여인들의 포스를 종일 볼 수 있을 테니. 그리고 일당 대신 그 비결을 전수해달라고 말하고 싶다.

내 모습이 소파에 앉아 허세나 떠는 남자들에 가깝지 않을까 싶기 때문이다. 저벅거리는 장화 소리와 국밥 한 그릇 내려놓는 투박한 손을 보면, 딴엔 차려입고 앉아 받아먹으면서, 노동한 적 없는 손을 나도 모르게 내려놓게 된다.

고되단 표정 하나 없이 몇 잔이나 마셨음에도 흔들림 없이 돌아서는 주모의 뒷모습, 아름답지 않은가.

춘자 씨의 '과거를 묻지 마세요'

우리 동네에는 최우수 레스토랑 인증서를 받은 음식점이 있다. 전국 6만 개 맛집을 대상으로 SNS 리뷰어와 전문가 평가단이 선정한 맛집이라고 한다.

벽에 2020년에 받은 인증서 액자가 걸려 있다. 그 옆엔 신문의 맛집 소개 기사로 만든 액자도 있다. 최우수 레스토랑답게 레오나르도 다빈치의 〈모나리자〉와 구스타프 클림트의 〈키스〉도 걸려 있고, 방문한 연예인과 찍은 사진도 있다.

표선면의 자랑이자, 내가 한동네 사람이라는 게 으쓱해지는 곳이다.

나는 그 인증서가 오로지 맛으로만 평가했음을 믿는다. 그곳은 아무 때나 가서 먹을 수 있는 곳이 아니다. 운이 따라야 한다. 원래 맛집은 재료 소진이나 빈자리가 없어서 발길을 돌린다고 생각하겠지만 그래서가 아니다.

가게 문을 여닫는 게 주인 마음대로다. 주인이 배짱 장사를 한다고 생각한다면 그것도 틀렸다. '최우수', 또는 '레스토랑'이라는 말에 무엇을 상상했건, 전혀 맞지 않다는 것을 가보면 안다. 반전을 넘어 반칙이라는 생각마저 들지도.

'춘자멸치국수' 집은 갈 때마다 단골 몇 사람만 있을 뿐 손님이 별로 없다. 테이블은 긴 탁자에 등받이 없는 나무 의자가 전부이고, 메뉴는 달랑 멸치국수 하나다. '멸치국수 4천 원, 곱빼기 5천 원.' 벽에 걸린 〈모나리자〉와 〈키스〉는 퍼즐 조각을 맞춘 것이고, 연예인과 찍은 사진은 고작 하나. 흔한 사인지 한 장도 없다.

가게에 들어서면 협소한 내부에 비해 제법 널찍한 방이 마주 보이는데, 방에서 텔레비전을 보던 주인이 나와서 절뚝거리는 걸음으로 주방으로 들어간다. '춘자 여사'의 등장이다. 첫눈에도 예사롭지 않다. 허리 굽은 할머니가 무릎 선 정도의 스커트를 입는다. 바지 입은 모습은 한 번도 본 적이 없다. 항상 타이즈에 스커트 차림이다. 춘자 여사는 손님에게 어서 오라는 인사 한마디, 웃는 얼굴 한 번 보인 적이 없다. 하나뿐인 메뉴에서 그나마 손님의 선택권은 보통인지 곱빼기인지를 정하는 일인데,

그때가 춘자 여사와 대화할 수 있는 유일한 기회랄까. 그렇다고 춘자 여사의 대답을 들을 수 있느냐, 그것도 아니다. 춘자 여사는 주문대로 양은 냄비에다 국수를 끓이기 시작한다.

할머니들이 하는 식당은 허름해도 집밥같이 푸근한 정을 기대고 가는 곳 아닌가. 밥보다 정이 고픈 사람들은 욕쟁이 할머니에게 욕을 먹고도 행복한 표정이다. '춘자 멸치국수' 집이 그런 허기를 달래기에 맞춤인 곳으로 보이는 이유도 허름함 더하기 할머니라는 조화 때문이다. 그런데 웬걸, 눈도 마주치지 않고 한일자로 꾹 담은 입술은 말 붙이지 말라는 무언의 신호 같다. 욕쟁이 할머니보다 한 수 위 카리스마라고나 할까.

나는 국수를 기다리는 동안 눈 둘 데를 찾느라 빛이 바랜 〈모나리자〉, 〈키스〉의 퍼즐을 보곤 한다. 그러다 춘자 여사가 연예인하고 찍은 사진을 보면 풋, 웃음이 터진다. 재치 있고 언변 좋기로 유명한 개그맨이 춘자 여사처럼 입을 한일자로 다물고 있어서다. 얼핏 보면 가족사진으로 오해할 정도다. 개그맨 정도면 여사의 굳은 표정을 풀어주고도 남을 텐데 도리어 경직되다니. 그도 나처럼 춘자 여사의 기에 눌렸던 걸까.

읽었던 인증서를 또 읽기도 한다.

서울 최우수 레스토랑 인증서

춘자멸치국수

대한민국 No.1 맛집 추천 서비스 '식신'이 사용자 방문 리뷰 기반 빅데이터 분석과 엄격한 기준으로 선정한 식신 최우수 레스토랑임을 인증합니다.

2020. 1. 1 식신 서비스 대표이사 안○○

읽을 때마다 왜 음식점이라고 하지 않고 레스토랑이라고 했을까 궁금했다. 그동안 선정한 식당들은 손꼽을 만한 레스토랑이 대부분이었을까. 그렇다면 춘자멸치국수집은 앞서 인정받은 레스토랑과 맞먹을 만한 곳이라는 말 아닌가. 아니, 국숫집의 압승이란 게 맞겠다. 값비싼 장신구와 조명, 크리스털 잔, 설명이 긴 메뉴판을 갖춘 일류 레스토랑과 퍼즐 조각으로 완성한 모나리자 액자, 플라스틱 물컵, 벽에 붙은 종이 메뉴에 멸치국수 하나뿐인 춘자네 국숫집은 비교될 수 없을 터.

상대방의 조건과 스펙이 월등해서 경쟁할 생각을 접은 사람이나, 실력을 인정받지 못하고 밀려난 사람이라면 음식점 경쟁에서 맛을 우선순위로 평가한 공정성에 속이

후련한 기분마저 느끼리라. 내가 그렇다. 대리만족한다. 그곳에 가면 사는 동안 받았던 억울한 처사나 제대로 대접받지 못했던 패배감을 위로받는다.

누군가는 그런 사설 인증서는 돈을 주고 사는 거라고 말했다. 소문난 맛집 중에는 광고용으로 인증서를 산다고 했다. 하지만 국수 가게에 와 보면 고개를 갸웃하게 된다. 춘자 여사가 동네 사람을 상대로 하는 국수 가게를 얼마나 홍보하려고 인증서를 샀을까 싶어서다. 하긴 그 인증서를 눈여겨보고 의미를 부여한 사람은 나뿐인지도 모르겠다.

드디어 노란 색이 벗겨진 지 언제인지, 허연 양은 냄비에 담긴 국수가 나왔다. 쪽파 송송 썰어 얹고 고춧가루를 뿌린 것 외엔 달걀지단이나 김 부스러기 같은 것도 올리지 않은 국수다. 국수만 봐도 주인의 성격을 알 것 같다. 그러나 진한 국물 한 모금 넘기는 순간, 전문 평가단이 왜 최우수상을 주었는지 알 만하다. 순전히 손맛으로 낸 맛이기 때문이다.

다시 텔레비전 앞에 앉는 춘자 여사. 가게 안은 트로트 곡조가 넘실거렸다. 여사는 거의 트로트가 나오는 방송만 보는 모양이었다.

"미스터 트롯이 코로나 시국에 큰 효도 했지요? 많은 사람이 위로받았다고 하잖아요."

대답을 기대하지 않고 혼잣말처럼 했는데, 의외로 춘자 여사가 입을 뗐다.

"경했주(그랬지). 나도 세상사는 재미가 그거뿐이라."

이때다 싶어 말을 이었다.

"남원읍인가 어떤 식당에 갔더니 주인이 이찬원 팬이라면서 가게를 온통 분홍색으로 꾸미고 분홍색 옷을 입었더라고요."

"이찬원도 잘허주. 경해도(그래도) 난 임영웅이 노래가 더 땡겨."

"저도요. '어느 노부부 이야기'를 들을 땐 눈물이 나더라고요."

"젊은아이가 힘도 안 들이멍 술술 잘도 불르지이?"

갑자기 결성된 팬클럽. 춘자 여사는 마침 커피를 마실 참이었다며 내게도 커피 믹스를 타 주었다.

"어느 경로당에서는 할머니 팬이 좋아하는 가수 시디를 백만 원어치 사서, 50만 원어치 산 할머니를 기죽였다는 말도 있어요."

한참 동안 트로트 이야기를 했다. 트로트를 즐겨 듣지

도 않는데, 그 자리에서는 열렬한 팬처럼 아는 얘기는 다 방출했다. 춘자 여사가 말하는 것이 신기해서였다. 십 년 넘은 단골도 '곱빼기 아니면 보통, 고춧가루 넣을지 말지' 두 마디 이상 해본 적이 없다는데, 쉴 새 없이 수다를 이어갔으니 이런 특별우대가 있나.

사실 춘자 여사와 하고 싶은 말은 트로트 가수에 대한 관심사가 아니었다. 원래부터 말이 없었는지, 언제부터 종아리가 드러나는 스커트만 입었는지, 무슨 사연이 있을 것만 같았다.

춘자 여사는 40년째 국숫집을 하고 있다고 했다. 짐작대로 숨은 고수였다. 제주도는 재야의 고수가 한둘이 아니니 놀랄 일도 아니었다. 내가 본 제주 여인들은 자립심과 생활력이 강하고 자존감도 높았다. 그중에서도 춘자 여사는 묘하게 궁금증을 불러일으켰다. 허리 굽은 할머니에게서 신비주의를 느꼈다면 과장이려나.

나이 들었다고 미니스커트를 입지 말란 법은 없지만, 늙고 싶지 않은 그런 사연. 누구하고도 말을 하지 않는 건 스스로 고독의 벽을 쌓고 들어앉은 게 아닐까 싶은…. 내가 부족한 상상력을 짜내서 만든 시나리오는 이랬다.

젊은 춘자에겐 사랑한 남자가 있었다. 그러나 이룰 수

없는 사랑이었다. 이루지 못한 이유야 다양하겠지만, 상상이 자칫 통속으로 빠질 수 있으니 그 부분은 패스. 어쨌든 두 사람은 헤어질 수밖에 없었다. 남자가 꼭 돌아오겠다고 약속하고 떠났다. 그때부터 여자는 말을 잃었다. 누구하고도 말하지 않았고 웃지 않았다. 나중엔 웃는 일조차 잊어 버렸다. 잊지 않은 한 가지는 돌아온다는 약속뿐. 세월은 자꾸 흐르고 머리는 하얗게 세고 허리마저 굽기 시작했지만… 그 남자가 왔을 때 늙은 모습을 보이고 싶지 않았다. 그래서 스커트를….

결국 통속을 벗어나지 못한 상상이다. 이래서 내가 소설을 못 쓴다. 그렇다고 춘자 여사에게 과거를 물어 볼 수도 없고.

궁금증은 의외로 맥없이 풀렸다. 십 년 넘은 단골이라는 남자에게서 들은 말이다.

그는 춘자 국숫집이 최고급 레스토랑 인증을 받았다는 사실도 모르고 있었다. 내가 40년이나 한자리를 지키는 맛집이라고 추켜세우자, 처음부터 소문난 집은 아니었다고 했다.

"가게 시작하고 몇 년 동안 맛집은 고사하고 손님이 별로 없었대요. 그저 값싸고 양을 많이 주니까 일꾼이나 선

원들이 드나들었을 뿐이지. 하도 장사가 안 되니까 가게를 그만두어야 할지 고민했나 봐요. 하루는 손님이 없어서 속상한 김에 술을 마시고 잠이 들었는데, 자는 동안 멸치 육수가 우릴 대로 우린 상태가 된 거죠. 다음 날 그 육수에 국수를 말아서 팔았는데, 그 맛이 입소문을 타고, 가게는 기사회생하게 되었고."

내 시나리오는 폐기할 수준이었다. 춘자 여사가 술을 마시고 잠들었을 때 꿈에 떠난 남자가 돌아와 눈물을 흘리는 장면을 그렸으니…. 그런 내용은 아침 드라마도 될 수 없을 거다. 제주 여인을 주인공으로 한 드라마에 멜로라니, 몰라도 너무 몰랐다.

자는 동안 푹 우러난 멸치 육수, 춘자 여사의 '유레카!' 아닌가. 그 덕에 가게가 잘 되고 최고급 반열에 올랐다니, 상상을 접은 나는 덩달아 기분이 좋았다. 극적인 사연이 없어도 춘자 여사가 더 가깝게 느껴졌다. 무거운 입을 한 번 열자 정 깊은 분이란 걸 알았기 때문이다. 오후에 갔던 내가 주인 마음 내키는 대로 가게 문을 연다고 생각했던 건 오해였다.

"아침 굶엉(굶고) 일허레 나오는 사름(사람)들이 딱허연 동새벡이부터(새벽부터) 문을 욜앗어(열어). 또똣헌(따뜻한) 국물이라도 들어가사 힘날 거 아니라게."

 초등학교 여선생이 국수를 먹다가 아이들 가르치기 힘들다면서 울었다고 걱정하는 춘자 여사. 이웃에 재혼마저 실패하고 돌아온 아들 때문에 속상한 할망이 있다고 한숨 쉬는 춘자 여사. 아직도 스커트를 고집하는 여자 중의 여자, 춘자 여사.

 표선면에는 내가 자랑할 만한 맛집이 있다. 비가 추적추적 내리는 날이나 눈발이 날릴 때 가면 더 좋을 춘자멸치국숫집. 누구라도 간소한 국수 한 그릇 먹고 나면 내가 왜 자랑하는지 알 거다. 그러나 4천 원짜리 국수에 따끈한 커피까지 딸려 나오는 것까진 기대 마시길. 나도 어쩌다 특혜를 입었는지 아직 풀지 못했으니까.

마음 풀고 오는 의원

병원 가는 게 좋거나 기다려지는 사람이 있을까? 있다. 내가 그렇고 동네 할머니들이 그렇다.

나는 어쩌다 가지만 일주일 내내 가는 할머니들도 많다. 언제 가도 열려 있는 병원, 아니 동네 의원인 '표선 Y 의원'엔 출석률로 치면 개근상 받을 어르신들로 북적인다. 특히 오일장 날이면 의원도 장터만큼이나 혼잡하다. 장 보러 온 김에 물리치료를 받고 가려는 환자들이 많아서 한 시간 넘게 대기해야 할 정도다.

Y 의원이 성업인 이유는 동네에 그만큼 물리치료를 잘해주는 곳이 없기 때문이다. 치료사들이 10분가량 손으로 해주는 마사지는 서울에서 한 시간 받는 도수치료 못지않다. 이어 찜질과 전기치료를 병행하는데, 마치고 나올 때면 몸이 개운해진다. 그러니 평생 농사짓고 물질하느라 안 아프면 이상한 어르신들이 매일 오고 싶어 할 수

밖에. 거기다 물리치료비도 부담 없다. 할아버지 한 분이 100원짜리 동전으로 치료비를 내자 직원이 하나하나 세는 걸 지켜본 적이 있었다. 동전은 18개였다. 할아버지는 미안한 기색 하나 없고, 간호사도 싫은 내색 없이 공손히 받는 것이 신기하기까지 했다. 내가 유일하게 65세 이상 어르신 대열에 끼고 싶은 이유가 그거다. 그분들보다 3배가 넘는 치료비를 동전 56개로 주면 그처럼 공손하지 않을 테니 말이다.

요즘은 어르신들 댁에 어깨를 주물러줄 어린 손자도 없을 테지만, 있다 해도 고사리손이 스쳐 간 자리가 시원할 리도 없다. 효도비라고 천 원짜리 두 장 주면(의원보다 비싼데도) 눈치 없는 할아버지, 할머니가 되어 다시는 효도 받을 일이 없어질지도 모른다. 아이들도 영악해서 적정선이 배춧잎 한 장 정도는 되어야 한다고 생각한다.

어디가 아픈지 꼼꼼하게 물어보고 아픈 부위를 용케 풀어주는 치료사야말로 자식, 손자보다 낫다는 말이 나올 만도 하다. 어르신들은 치료사에게 하소연하고 관심을 받는 맛에 매일 출석하는지도 모르겠다. 특히 해녀증을 제시하면 고압산소치료가 무료라는 문구가 눈길을 끈다. 물론 나라에서 지원하겠지만, 수십 년 바다에서 노동한 수고를 알아주는 듯해서 흐뭇하다.

그 의원에 처음 가게 된 날은 코로나19 예방접종 때였다. 접종하려는 사람들로 시장통처럼 번잡했다. 하지만 의사는 바쁠 게 없다는 표정으로 환자에게 농담을 던지고, 안부를 물으면서 주사를 놓았다. 한 남자가 자리에 앉자마자 핸드폰이 울렸다. 마침 비 오는 날이었는데, 컬러링이 애조 띤 트로트였다. 남자가 얼른 끄려 하자, 의사가 손을 저었다.

"비 오는 날 듣기 딱 좋잖아요."

볼펜으로 톡톡 장단까지 치면서 흥얼거렸다.

40대 후반쯤, 넉넉한 풍채에 피부가 희고 손마디가 도톰한 의사는 곡절 없이 인생을 살았을 것 같았다. 왠지 믿음이 갔다. 친절하고 후덕한 의사를 신뢰해서 환자가 많이 찾나 싶었다.

내가 진료를 받았을 때도 그랬다. 오래전부터 번갈아 가며 어깨에 통증이 생겼다가 가라앉기도 했는데, 그즈음엔 오른쪽 어깨가 부쩍 아팠다.

자리에 앉자 내 병부터 설명했다.

"회근전개파열이라고 해서 왼쪽은 시술받은 적이 있

고, 오른쪽은 주사 치료를 받고 나아진 적이 있어요. 여기서도 주사 놔줄 수 있나요?"

의사는 팔을 들어보라고 하더니 곧 처방전을 쓰기 시작했다.

"주사 맞으면 금방 좋아지던데…."

한 번 더 강조했다.

"주사가 뭐 좋은 거라고. 우선 5일치 약부터 드시고 일주일 정도 물리치료 받고서 그때도 효과 없으면 말씀하세요."

이런 환자는 수없이 봤다는 투였다. 친정엄마에게 병원에 가면 증세만 얘기하고 말을 많이 하지 말라던 내가 같은 행동을 하고 있었다. 의사 앞에서 청진기를 걸고 앉아있는 꼴 아닌가.

물리치료실로 가면서 나처럼 '이름 있는' 병은 시골 의원에서 못 고칠 거로 생각했다. 통증 클리닉 정도는 되어야 시술이라도 해줄 텐데, 고작 물리치료 갖고는 임기응변도 될 것 같지 않았다. 온 김에 찜질이나 받으며 한숨 자고 갈 생각으로 치료실로 들어갔다. 치료실은 진료실보다 더 초라했다. 바닥에 깔린 데코타일은 발자국 닿은 자리마다 벗겨져 있었고, 온찜질을 하는 수건은 오래 써서 뻣뻣해 보였다. 게다가 의료용 침대에 웬 공단 베개? 알록달록 색동무늬거나 모란꽃을 수놓은 아기 베개라니. 그런 베개가 있을 자리는 아니지 않나. 민속박물관이나 옛날 물건을 진열해 놓은 감성 카페라면 모를까.

다닥다닥 붙어 있는 침대마다 누워 있는 환자들을 보자 여기서 치료받다가 코로나에 감염되지 않을까 불안했다. 어정쩡하게 서 있는데 내 이름을 불렀다. 생뚱맞아 보이는 베개에 이마가 맞닿기까지는 몇 초도 안 걸렸다. 나로선 대단한 병명이 무색하게, 치료사들 눈에는 옆의 할머니나 나나 마사지가 필요한 환자에 불과했다.

그런데 웬걸, 치료사는 손에 눈이라도 달린 듯 목과 어깨, 등의 통증 부위를 정확히 짚어내어 힘을 가했다. 이어 온찜질에 근육이 이완되고 찌릿찌릿한 전기치료로 가뿐해지자 오길 잘했다고 생각이 바뀌었다. 물리치료 두 번 받고, 약 이틀치 먹었는데 통증이 가라앉았다. 어느새 나는 담이 들어도 목이 뻣뻣해도 허리가 쑤셔도 의원을 찾는, 개근상 할머니들을 닮아갔다. 목의 근육만 풀어도 두통이 사라지고 소화가 잘되니 '믿습니다!'가 되고 말았다.

자주 다니다 보니 다섯 명의 치료사를 알아가는 재미

도 있었다. 표준말을 또박또박 쓰는 은하 쌤은 목소리만으로도 안정감을 주는 치료사다. 세 명의 여자 치료사 중에 혼자 기혼이다. 듣기 좋은 목소리에 정중한 말투로 세심하게 환자 상태를 살피고, 운동법을 알려주었다.
"은하 쌤은 강의하면 좋겠어요. 학생들 성적이 올라갈 것 같아요. 귀에 쏙쏙 들어올 뿐 아니라 믿음이 가는 목소리예요."
내 인사에 담긴 진심이 통한 걸까, 그 후론 은하 쌤이 더 신경 써서 마사지해 주는 느낌이 들었다. 미혼인 여자 치료사는 둘 다 경상도 사투리를 써서 누가 누군지 헷갈렸다. 자세히 보진 못했지만 얼굴도 닮은 것 같았다. 그중 김 쌤은 말투가 빠르고 목소리가 컸다.
"할머니, 어디가 아파? 똑바로 누울 수 있어? 마사지 받다 아프면 말해, 참지 말고."
거의 반말인데도 대구 사투리라서 그런지 손녀가 말하는 것처럼 귀엽게 들렸다. 더러는 버릇없다 싶을 정도로 환자를 다그칠 때도 있었다. 김 쌤은 귀가 어두운 어르신들을 상대하다 보니 점점 목소리가 커진다고 했지만, 내 보기엔 원래 그런 것 같았다.
베테랑 김 쌤도 당하지 못하는 할머니가 있었다. 천성

이 명랑 쾌활한 건지 생활신조가 긍정적으로 살자는 것인지 모르지만, 등장부터 요란했다. 다섯 명의 치료사에게 일일이 아는 체를 하고는 내 집 침대처럼 편하게 올라가 누웠다. 침대에 누우면 치료사가 먼저 묻는다.

"전체를 해드릴까요, 어디를 집중적으로 해드릴까요?"

할머니는 전체를 택했다. 이어 청년으로 보이는 치료사가 다리부터 주무르기 시작했다.

"아고게(아이고), 좋다!"

"?"

치료사의 손이 닿을 때마다 한 번도 아니고 계속 '아고게, 좋다. 아고게, 좋다.'라고 했다. 시원하다고만 해도 될 말을 연신 코맹맹이 소리로 '좋다'를 외치니 남자 치료사 앞에서 내가 다 민망할 정도였다.

'말리고 싶다, 저 입.'

채우고 있던 내 입의 지퍼를 열려는 순간, 할머니가 뜬금없는 소리를 했다.

"나 꽝 나와서."

잠자코 마사지만 하던 치료사가 위로하듯 말했다.

"그럴 수도 있죠. 저도 꽝 나올 때가 더 많아요."

"아고게, 젊은 사름(사람)이 볼써가라(벌써부터) 경허민

(그러면) 안 되주(되지). 아팡(아파) 죽어진다게(죽는다니까). 꽝 나와신디도(나왔는데도) 일허민 힘들엉 어떵허느니(어떻게 해)."

할머니의 염려는 오버의 극치였다. 복권 샀다가 꽝 되는 게 부지기수인데, 당첨 안 됐다고 일을 못 할 정도로 마음 아파할 일인가.

마침 내 옆자리에서 온찜질하고 있던 할머니가 말을 받았다.

"어느 펜이(쪽에) 꽝 나왓수가? 많이 아파실 건디."

"요 허리 아래로 꽝이 이치룩(이렇게) 튀어 나왓수다."

못 알아들은 것은 나와 몇 치료사들이었다. 다 육지 사람들인. '꽝'이 꽝인 줄 알았지 '뼈'일 줄이야. 그때부터 '아고게 좋다' 할머니의 수다를 전담해 줄 옆자리 할머니에게 조용히 감사드릴 뿐.

물리치료실은 늘 시끌벅적하다. 도무지 의원다운 조용한 분위기를 찾을 수 없다. 가만 보니 '아고게 좋다' 할머니가 민망했던 사람은 나 혼자다. 치료사들은 그러려니 하는 표정으로 저희끼리 얘기하기 바쁘다. 물리치료를 하면서 전날 술 마신 얘기, 오늘 마실 술 얘기를 하면서 온갖 안주를 다 끌어오는 김 쌤을 시작으로, 만난 지 한 달도 안 된 여자를 제 운명이라고 말하는 남자 치료사까지. 텔레비전 예능 프로그램은 저리 가라다. 도시에서는 물리치료실에서 조용한 음악을 틀어주는데, Y 의원에 흐르는 선율은 클래식이 아니라 그들의 수다다. 매일 오다시피 하는 어르신들 역시 그러려니 하나 보다. 하루에 수십 명의 팔다리를 주무르는 강도 높은 치료를 하면서 쌓인 피로를 수다로 푸는가 보다고 이해하는 분위기랄까.

운명의 짝을 만났다는 남자 치료사는 매일 밤 카톡을 주고받느라 새벽에야 잠이 든단다. 다들 피곤하겠다고 걱정인데, 당사자는 조금도 피곤하지 않단다. 어쩐지 손에 힘이 들어가고, 리듬을 타더라니. 금사빠(금세 사랑에 빠지는) 치료사의 연애 사업이 훈풍을 탈 동안 환자들이 득을 봤다. 한동안 그랬다. 언제부턴가 손에서 힘이 빠졌나 싶더니 말수도 급격히 줄었다. 아무래도 운명녀가 아니었나 보다.

그의 변화를 모를 환자들이 아니었다. 어느 날 옆 침대에서 중년 여인과 그가 나누는 대화가 들렸다.

"전에 나(내)가 만나 보랜헌(보라고 했던) 아가씨완 잘 만남서?"

"저도 바쁘고 아가씨도 바빠서 만날 새는 없었네요."

"게민 모심에 어신 거라(그러면 마음에 없는 거야)?"

"그건 아니고…."

"잘 알앙 허라. 요샌 못 만나민 카톡덜 허더라? 카톡은 햄시냐(하나)?"

"하죠."

"무시거옌 햄샤(무슨 말을 하는데) ?"

중년 여인은 두 사람이 나눈 카톡 내용까지 꼬치꼬치 물었다. 이번에도 내 입에서 '소개했으면 거기까지'라는 말이 나올 뻔했다. 중년 여인이 너무 성급했다.

Y 의원에 가면 마음이 편안한 이유를 알 것 같다. 느긋하고 친절한 의사와 서로를 존중하고 어르신들에게는 살가운 치료사들. 치료사들이 화기애애하게 일하는 분위기가 환자에게도 기분 좋은 영향을 미칠 테니, 그곳은 근육만 이완되는 게 아니라 마음도 이완되는 곳이 아닐지.

내가 어느새 의원에서 임명한 적 없는 홍보 담당이 되어 있다. 10년을 가도 의사가 알아보지 못하는 대학병원에서 기계적인 대화 몇 분에 진료가 끝났던 기억 때문에 이 시골 의원에 엎어졌는지 모르겠다. 게다가 병원 문턱이 낮기도 하다. 입구에 '361일 진료'라고 적혀 있다. 명

절에만 문을 닫는다니 할머니들이 물리치료를 며칠 동안 못 받을 일은 없을 거다.

서울에선 S 병원과 Y 세브란스 병원이 유명한 종합병원이라면 표선면에는 이름이 같은 S 의원과 표선 Y 의원이 있다. 그중 한 곳은 감기에 걸려서 갔을 때, 약 한 움큼에 주사를 두 대나 놓았다. 과잉 진료 같아서 한 번 가고 안 가는 곳이다. 나는 Y 의원만 출석한다.

이제는 치료실이 초라해 보이는 게 아니라 연륜 있어 보인다. 촌스러운 색동 베개는 Y 의원의 마스코트다. 치료사들이 마사지에 집중하느라 음악을 틀어놓는다면 답답해서 견딜 수 없을 것 같다.

그곳이 궁금한 사람들에게 한 가지 정보를 말하자면, 전화해도 거의 받지 않는다는 것. 접수받는 직원은 동전 세느라 바쁘고, 의사와 간호사도 어르신들이 길게 늘어놓는 하소연을 듣느라 바쁘다. 궁금하면 직접 찾아가는 방법밖에 없다.

표선 사거리

'보석상자'에서 찾은 것

1.

날씨는 좋은데 갈 데는 없고 주머니는 가벼운데 쇼핑은 하고 싶은 날, 구제품 가게에 간다. 신상(新商)이 아니라서 값싼 물건이 많다. 운 좋게 디자인이 특이한 옷이나 소품을 만날 때가 있다. 싼 맛에 한 보따리 안고 왔다가 반도 못 건지기는 하지만, 부담 없이 시간 보내기 좋은 곳이다.

예전에 다녔던 구제품 가게는 주인이 비슷한 분위기를 풍겼다. 일단 기가 세 보인다는 공통점이 있다. 마치 가게 주인의 조건이기라도 한 양. 다음 공통점은 젊지 않다는 것. 적어도 50대는 넘어 보인다. 신상품을 파는 양품점 주인이 젊고 세련된 데 반해, 체구가 큰 편이고 심지어 사나워 보이는 인상이다. 진열 상태도 양품점하고는 다르다. 마네킹이 없는 가게가 대부분이고 옷가지는 계절하고 상관없이 설치대에 빽빽이 걸렸거나 선반에 쌓여 있거나 구석에 처박혀 있기 일쑤다. 손님이 알아서 찾아야 한다. 주인이 상냥하지도 않다. 깎아달라면 들은 척도 안 하면서 마음 내키면 더 얹어 주기도 한다. 한마디로 '주인 맘대로'다.

변수 많은 영업 방식, 무심한 태도, 센 언니 포스. 내가 구제 가게에 끌리는 이유다. 몇 번 찾아가면 센 언니들이 관심을 보인다. 주인하고 취향이 같다고 생각해서 단골로 인정. 다음엔 내게 어울릴 만한 것을 구해놓고 기다리기도 한다. 그러나 장식이 요란하거나 너무 야한 디자인일 땐 그 가게와는 인연이 다했다고 생각한다. 독특한 개성을 알아볼 줄 모르는 안목이라 생각되면 자연스럽게 발길을 끊는다.

갈 만한 데가 없자 내 취미 생활도 접을 때가 됐나 싶었다. 품위도 떨어지는 것 같고, 사들이기만 하고 쓰지 않는 물건들이 많아 구제 가게의 매력도 떨어졌다.

제주도에 와서는 생각이 달라졌다. 굽 높은 구두, 액세서리, 핸드백 같은 건 쓸 일이 없었다. 니트 카디건도 바람 앞에서는 어깨를 펴지 못했다. 당장 후드 티와 운동화가 필요했다. 동네 양품점부터 시작해서 서귀포 오일장까지 발을 넓히기 시작했다.

그러다 동네에서 중국집과 고깃집 사이에 끼어 있는 '보석상자'를 발견했다. 얼핏 보면 식당에 딸린 창고처럼 보였다. 새시 문 앞에 신발, 가방, 옷가지를 내놓은 옹색한 진열대로 구제 가게라는 걸 알 수 있었다. 명품 전문점이라는 허세스러운 문구가 믿기지 않으면서도 호기심을 자극했다. 보석 상자라는 상호도 그랬다. 값싼 큐빅을 다이아몬드라고 우기는 격 같아도 왠지 센스 있어 보였다.

오호! 눈 밝게도 품질 좋은 큐빅 같은 물건이 눈에 들어왔다. 작은 통가죽 숄더백이었다. 단순한 디자인에 메두사처럼 생긴 그림이 특이했다. 주인은 유행이 한물간 통가죽 백을 처분하게 되어 좋았는지, 내가 들었다 내려놓은 배낭까지 원+원으로 주었다. 어딘지 예전에 만났던 센 언니들하고 닮은 데가 있었다. 주인 맘대로인 영업 방식도 그렇고, 몸집과 분위기도 그랬다.

두 번째 갔을 때는 주인이 캣맘이라는 정보를 입수했다. 우리는 고양이 이야기로 금세 가까워졌다. 그는 집

안에서 기르는 고양이 다섯 마리에 길고양이 열 마리까지 보살핀다고 했다.

"내가 열심히 장사해야 녀석들 밥값을 대지. 다섯 마리가 성격이나 생김새만 다른 게 아니야. 어쩜 그렇게 저마다 매력이 다 다른지 몰라. 에구, 죄 많은 인생, 녀석들 돌보는 것으로라도 갚아야지."

고양이 이야기를 하다가 한숨까지 쉬면서 뜬금없이 '죄 많은 인생'이라니. 그 말에 나는 또 왜 청승맞은 옛 노래가 생각났는지, 뜬금없기는 마찬가지였다.

"헤어지면 그리웁고 만나 보면 시들하고 몹쓸 것이 내 심사~ 아아, 생각하면 생각수록 죄 많은 이 내 청춘~."

두 번 온 손님에게 느닷없이 자신을 죄 많은 인생이라고 말하는 여인. 청춘이었을 때 사귀던 남자를 모질게 차 버렸나? 그 남자가 불행해졌나? 드라마틱한 사연이 있을 것만 같았다. 사기를 쳐서 남을 망하게 하거나 도벽으로 감방에 갔다 왔거나 하는 범죄가 말 그대로 '죄'이긴 하지만, 인생이라는 단어를 수식하기 위해 쓰지는 않을 터. 내려놓지 못하고 오랫동안 끌어안고 있는 상처를 말하는 듯했다. 누구에게 받았거나 주었을 깊은 상처.

그날은 내내 그 노래가 입에 맴돌았다.

"믿는다 믿어라 변치 말자고 누가 먼저 말했던가~."

질곡 많은 인생을 살아본 사람이 토해낸 한숨 같은 유행가. 그 여인의 삶이 담겨 있을 것 같아 노래를 부르면 자연스럽게 그가 한 말이 떠올랐다.

며칠 후 다시 찾아갔다. 문이 닫혀 있었다. 그 후로도 몇 번이나 닫힌 문 앞에서 돌아오곤 했다. 그럴수록 그의 안부가 궁금했다. 어느새 눈에 띄지 않는 작은 가게가 점점 커져서, 근처를 지나려면 가장 먼저 보였다. 한 달 넘도록 그랬다.

2.

어느 날 물리치료를 받으러 가는 길에 보니 보석상자가 오랜만에 문을 열었다. 반가웠다. 한 달 전에 신어봤던 플랫슈즈가 생각나 진열대를 살피고 있을 때였다. 가게 안은 비어 있고 바깥 의자에 앉아 있던 아저씨가 다가왔다. 갈 때마다 보여 남편이려니 했던 남자다.

값을 묻자, 아저씨는 금액은 말하지 않고 검정 봉투에 구두부터 넣었다. 이런 식으로 떠넘기듯 팔려고 하면 사고 싶지 않지, 하는 심정으로 돌아서려는데 아저씨가 어눌한 발음으로 말했다.

"그냥 가져가."

"장사하는 집에서 거저 주는 게 어디 있어요? 사장님 안 계세요?"

의사소통이 안 되고 셈할 줄 모르는 것으로 봐서 '좀' 아픈 사람 같았다. 때맞춰 주인이 오는 바람에 흥정이 이뤄졌다. 새 구두를 헐값에 사서 기분 좋게 계산하려는데 지갑이 없었다. 멀찍이 세워놓은 차에 두고 온 것이다. 의원에 갔다 오면서 가져가겠다며 내려놓았다.

"돈은 나중에 주고 가져가. 돈 없으면 병원비도 빌려줄까?"

외상은 어렸을 때 보았던 거래 방식인데, 아직도 통하는 곳이 있다니. 거기다 한술 더 떠서 병원비까지 빌려주겠다니, 선심 쓰기가 사장의 영업 마인드인가 싶었다.

나는 센 언니에다 계산속 없는 인간미까지 더한 그가 좋아졌다. 그곳을 놀이터 삼아 자주 가려 했는데 그날 이후 또 문을 닫았다. 도대체 장사를 할 생각인지, 문을 닫는 날이 더 많은 가게였다. 추석이 지나서야 여인을 볼 수 있었다. 그동안 그와 아저씨가 번갈아 병원에 입원했었노라고 했다. 팔지 못한 여름 상품은 어디다 치웠는지 가을옷뿐 아니라 겨울옷까지 진열된 가게는 더 좁아 보였다. 설치대에 걸지 못한 옷더미가 마구잡이로 쌓여 있었다. 그는 그 속에서 스팀 다림질을 하느라 더위가 가셨는데도 땀을 흘리고 있었다. 처음 봤을 때와 달라진 데 없는 모습이었다. 아저씨도 마찬가지였다. 의자에 앉아 있기 지루하면 들어와서 참견하거나 집에 가자고 졸랐다.

"그래, 알았다. 오빠야. 한 시간만 기다려라. 심심하면 오늘 들어온 점퍼 하나 입어봐라."

볼 때마다 아저씨에게 소리를 높이거나 짜증 내는 모습을 본 적이 없었다. 낭창거리는 경상도 사투리로 아이 달래듯 대하는 여인. 남편을 혼자 둘 수 없어서 같이 나오는 모양인가. 그래도 남편을 오빠라고 부르는 걸 보니 아프기 전에 무척 살가웠던 사이였나 보다. 그런 사연으로 죄 많은 인생이라고 했을까.

말을 붙이려던 참에 그의 휴대전화가 울렸다. 가게가 좁다 보니 저절로 통화 내용을 듣게 되었다. 평상시 걸걸하고 목청이 컸는데, 웬일로 나긋나긋 속삭이며 표준말을 했다.

"제가 무슨 띠냐고요? 쥐띠요. 72년생? 아니이~ 60년생 쥐띠."

잠시 후, 어울리지 않게 조신을 떨던 여인이 제 목소리로 걸쭉하게 한마디 하는 것이었다.

"내 나이가 많아서 퇴짜 놓겠다고? 니도 늙은이 주제에 어데서 72년생을 찾아? 에라이, 도둑놈 심보야."

전화를 끊고는 눈이 마주치자 소리내어 웃었다.

"나보고 늙었다고 없던 걸로 하재."

"혹시 소개팅하려던 거예요?"

"시집 좀 가볼까 했는데 육십 넘으니 갈 데가 없네. 뭐꼬? 사내들이란 지 나이는 생각 안 하고 그저 어린 여자만…."

"시집이라뇨? 아저씬 어쩌고."

"엉? 우리 오빠? 내 친오빠야."

그는 분이 가라앉지 않는지 내가 오빠를 남편으로 착각한 것엔 관심 없었다. 나도 얼른 맞장구를 쳤다.

"몇 살이나 처먹었는데요?"

"일흔이래."

"언니가 손해지. 나이 차가 얼만데. 언니처럼 젊고 섹시한 여자를 보지도 않고 거절해요? 그놈은 뭘 놓쳤는지도 모를걸요."

생면부지인 남자는 한순간에 염치를 모르는 놈이 되고 말았지만, 나로선 그의 기분을 풀어주는 게 우선이었다. 빈말이 아니기도 했다. 그가 새 옷을 입어보려고 겉옷을 훌렁 벗어 던졌을 때 본 몸매가 풍만하고 옷맵시가 났기 때문이다.

같이 욕을 하고 나니 한결 가까워진 듯했다. 나이도 비슷해서 반말 섞어가며 말을 이었다.

"그 남자 아니어도 남자는 널렸어요. 절대 기죽지 마."
"그럴까. 오빠만 돌보면서 좋은 시절 다 흘려버렸는데."

'죄 많은 인생'에 대한 호기심이 풀렸다. 누군들 죄짓지 않고 살까. 죄 없는 인생은 없지만, 스스로 죄인이라 하는 사람은 못 보았다. 아무리 남매지간이지만 예순 넘은 나이에 어린애 같은 오빠를 자식 돌보듯 살아온 여자가 무슨 죄가 있겠나. 그런 삶이 버겁고 힘들 때, 더러 푸념하듯 '전생에 무슨 죄를 지어서' 하는 심정으로 뱉은 말이었으리라. 손님이 몰려와도 오빠가 떼를 쓰면 일찍 문을 닫는 여인. 집에 돌아가 안에서 키우는 고양이와 때 되면 찾아오는 길냥이 밥을 챙기느라 분주할 여인. 늙어가는 자신과 오빠의 잦은 병원 출입과 고양이 사료를 대려면 장사라도 잘되어야 할 텐데.

그 후론 자주 '보석상자'를 찾아간다. 한동안 잠잠했던 취미가 다시 살아났다. 보석 하나 건지려면 잘 뒤져야겠지만, 내가 찾는 보석은 애써 찾지 않아도 그 자리에 있음을 아니까.

3.

그날 이후 그를 '보석 언니'라고 불렀다.

어느새 그곳을 찾아가는 일이 외출의 이유가 되었다. 나만의 백화점 순례라고나 할까. 가서 바로 인사를 할 때도 있고, 옷가지를 뒤적이다 가까이 가서야 아는 체할 때도 있다. 보석 언니는 스팀 다리미질을 하느라 눈 돌릴 새도 없다. 진종일 서서 다리미질하는 그는 옷에 파묻혀 보이지도 않는다. 의자도 없고, 옷 가게 필수품인 전신거울조차 옷걸이가 걸려 있기 일쑤다.

구경만 하고 돌아설 때면 등장하는 보석 언니의 장사 멘트.

"이건 내가 입으려고 따로 빼놓은 기라."

"이건 팔기 아까운 명품인 기라."

그러곤 웃옷을 벗고 갈아입는데, 육감적인 속살을 누가 볼까 가려 주는 건 오히려 손님들이다.

며칠 전엔 귤 과수원 한다는 여인이 그의 바지를 사 가더니 이번엔 단란주점 한다는 여인이 그가 걸친 가죽점퍼를 벗겨갔다. 주점 여인은 내친김에 가죽 핫팬츠까지 입어보았다.

"낼모레가 칠십인데도 이런 옷만 눈에 들어오네."

웬만한 연예인도 육십 대 후반이면 핫팬츠가 망설여질 텐데, 짙은 화장에 와인색 머리 염색까지 한 여인은 옷 취향이 과감한 편이었다. 이럴 때 추임새 넣는 일도 재미 중 하나다.

"몸매가 예뻐서 잘 어울리시네요."

주점 여인이 반쪽만 보이는 전신거울 앞에서 이리저리 몸을 돌려보더니 점퍼만 사겠다고 했다. 한 번 부추겨 본 거라서 속으론 과하다고 생각하던 중이었다.

자주 마주쳤던 분식점 주인이 그날도 핫도그와 튀김을 가져와서 밖에 있는 오빠부터 챙겼다. 그래야 오빠가 집에 가자고 보채지 않을 것을 아는 모양이었다.

핫팬츠를 팔진 못했어도 부추긴 공을 인정받은 나도 핫도그 하나를 받았다. 백화점 의류 매장은 음식물 반입

금지만 그곳에선 제재 같은 건 없다. 핫도그를 입에 물고 느긋하게 빽이며 구두 같은 것을 뒤적였다. 분식점과 보석 언니는 어느 식당 사장 이야기를 하고 있었다. 요즘 바람이 났는지 가게 문 닫은 지가 며칠째란다. 분식점이 걱정하는 건지 빈정대는 건지 모를 투로 말했다.

"장사는 안 하고 놀러만 다니는 모양이야."

"평생 장사만 했으니 지겨울 만도 하지. 날씨는 화창하겠다, 바람만 살랑거리겠노? 젊은 아가씨도 살랑거려, 지금이 젤 세상 살맛 날 땐 기라."

"적당히 하고 돌아와야지. 고생해서 번 돈 날리는 건 순간이야."

"김 사장이 그렇게 어수룩한 사람이야? 걱정 안 해도 때 되면 돌아올 기다."

"그건 모를 일이죠."

"나야말로 가게 문 닫고 따라나설 사람 하나 있음 좋겠다. 있어도 갈 수 없는 엿같은 신세지만."

마침 텔레비전에서 태진아의 트로트 가락이 흘러나왔다.

"잘사는 날이 올 거야. 포기는 하지 말아요~"

분식점 여인이 깔깔 웃으며 말했다.

"태진아가 포기하지 말라잖아, 그런 날 올 거라고."

태진아는 계속 '잘살 거야, 잘살 거야. 우리 모두 잘살 거야. 잘사는 날이 올 거야.'를 강조하며 여인들에게 희망을 불어넣었다.

"잘살 날이 올 때쯤이면 죽을 때 다 됐을 기다."

보석 언니는 그 말에 안 속는다는 듯, 화면에 대고 쏘아붙였다. 그러곤 두 사람은 한참을 큰 소리로 웃었다.

나는 등 돌리고 있었지만, 바람 난 김 사장 얘기보다 신나는 트로트가 목에 걸린 듯 답답하게 느껴졌다. 여인들이 소리 내 웃어서 더 그랬다. 잘사는 게 뭘까. 하늘을 보면 우리의 꿈이 있다는 말이 얼마나 맹랑한 가사인가.

그래서일까, 그에게 물었다.

"오빠가 언제부터 아팠는데요?"

"어렸을 때부터 저래."

남의 말 하듯 풀어내는 그의 인생 이야기.

어렸을 때는 친정이 제법 있는 집이었단다. 오빠가 태어나고 얼마 지나지 않았을 때, 한 스님이 이런 말을 하더라고.

"이 아이는 천재 아니면 바보가 될 팔자를 타고 나왔다. 어린아이일 때 집 안에 낯선 사람을 들이지 마라."

가톨릭 신자였던 어머니는 그 말을 귀담아듣지 않았다. 그런데 어느 날 아이와 둘이 있는 집에 모르는 남자가 불쑥 들어왔다. 순간 불길한 느낌이 들어 자는 아이를 돌아보니, 아이가 몸을 돌리더니 자지러지게 울더란다. 그날 밤부터 열이 나기 시작해서 병원으로, 한의원으로 데리고 다녀도 병이 낫지 않았다. 그 후 오빠는 지능 낮은 아이로 컸다는 것이다.

그가 결혼할 즈음엔 친정이 어려워졌는데, 부모님이 편찮아서 자주 드나들다 보니 시댁에서 친정으로 재산을 빼돌린다고 몰아세웠다. 결혼 십 년 만에 이혼하고 친정 부모 병시중을 20년 동안 했단다. 부모님 돌아가신 후 한숨 돌리나 했더니 이번엔 오빠를 떠맡게 되었다고.

"그동안 오빠는 누가 돌봤는데요?"

"실종됐던 오빠를 17년 만에 찾았어. 아버지가 돌아가시기 전에 오빠 몫으로도 유산을 남겼는데, 오빠는 받지 못했지. 우리가 6남매라서 돌아가며 오빠를 돌보자고 해도 다들 핑계 대고 등 돌리는 기라. 심지어 여동생은 지 대신 돌보는 돈을 주겠다 카고. 내가 맡은 후엔 전화도 피하는 눈친 기라."

오빠가 실종 후 살았던 17년은 어떤 세월이었을까. 간

혹 텔레비전에서 지능이 부족한 사람을 데려다가 노예처럼 부려 먹는 사람들을 본 적이 있었다. 사람 대접을 안 하고 기초 생활 대상자에게 주는 보조금까지 가로채기도 해서 공분을 샀다. 그 오빠도 어촌에서, 혹은 농장에서 착취당하다가 돌아온 걸까.

그때만 해도 이용하는 사람들을 비난하고, 노예로 살았던 사람을 동정하기만 했지, 구조된 후의 삶은 생각하지 않았다. 대부분 시설로 가거나 가족을 찾았으려니 하곤 잊어 버렸다.

그의 오빠는 가족을 찾아서 행운이라고 할 수도 있겠다. 가족은 잃어버렸던 형제가 돌아왔어도 반갑지 않았다. 처치 곤란한 짐을 떠맡은 것처럼. 솔직히 나도 그런 형제가 있다면 마냥 팔 벌려 반기지만은 못하지 싶다. 재회의 기쁨은 잠시, 한 사람의 남은 인생을 책임져야 한다는 부담감이 더 클 듯해서다. 보석 언니의 형제들을 경멸할 수 없는 이유다. 그가 대단해 보이면서도 한편으론 짠했다.

"내 팔자가 그렇단다. 평생 남 뒷바라지할 팔자. 그래도 어쩌겠노."

그는 팔자타령을 하면서도 웃었다.

하지만 자기 입으로 기구한 팔자라고 한다고 해서 나 또한 그런 말을 함부로 할 수는 없다. 누가 남의 인생을 함부로 재단할 수 있을까. 오히려 '기구하다'라는 표현은 자신의 선택이 잘한 일이라고 말하고 싶은 반어법이 아니었을지.

누구나 제 길이 있고, 다들 묵묵히 살아갈 뿐. 그 길이 꽃길만 있거나 흙길만 있진 않으리라. 하긴 꽃길만 걷는다고 마냥 좋기만 할까. 어느 꽃에서 벌이 튀어나올지 모를 일. 흙길이라고 해서 먼지만 일겠는가. 발에 챈 돌멩이가 금덩어리일지도 알 수 없는 일.

보석 언니가 가는 길에서 발부리에 금덩어리가 채이길 바란다는 말은 하지 않겠다. 그 길에 따뜻한 사람, 예쁜 고양이, 시원한 바람 한 줄기, 노래 한 가락이 있어 동행했으면 좋겠다.

신천목장

작은 여자가 사는 방법

 나는 친절한 여자다. 이렇게 말하니 상당히 건방져 보인다. 친절하다는 말은 남의 평가이므로, 자신을 말할 때는 좀 더 완곡하게 표현할 필요가 있겠다. 나는 친절한 편이다. 이것도 자만해 보이는 자체평가다. 아무래도 수식어를 더 넣는 게 낫겠다. 나는 '가급적' 친절하려고 한다.
 되도록 내가 친절하려고 노력하는 이유는 간단하다. 받고 싶지 않은 것은 불친절, 무례함, 갑질이고, 반대로 받고 싶은 것은 친절, 상냥함, 배려이니 어느 쪽을 삶의 방향으로 할지는 더 생각할 필요도 없지 않겠나.
 비록 마음에서 100% 우러나지 않더라도 친절은 서로에게 이롭다. 조금만 신경 쓰면 나도 남도 기분 좋아지는 것. 해서 나는 의식적으로 노력한다.
 산책길에서 마주치는 강아지에게 아는 척하는 일도 그

중 하나다. 요즘은 아기를 보고 귀엽다고 가까이 갔다간 젊은 엄마들이 불편해하는 기색이 역력하니 어린아이에게는 접근하지 않는 쪽이 낫다. 그보다 개를 데리고 나온 사람들은 개를 어르고 칭찬해주면 대부분 좋아한다.

누가 봐도 멋진 개에겐 굳이 칭찬할 필요가 없다. '당연한 말씀을' 하는 표정이다. 익히 들어 알고 있다는데 한 번 더 얹어 봤자다. 그런 사람은 개와 자신을 동일시하고, 개를 향한 칭찬을 자신에게 한 말로 착각하는 맛에 개를 키우지 않나 싶다. 과시용 산책으로 보인다면 지나친 말일까. 기껏 칭찬했는데 거만한 얼굴이니 쓸데없이 아부한 것처럼 씁쓸해서 하는 소리다.

평범하게 생겼거나 나이 들어 보이거나 아예 못생긴 축에 속하는 강아지를 보고 "참 귀엽네요." 한마디만 해도 주인은 활짝 웃는다. 사는 동안 찬사를 받아본 일이 많지 않았던 사람이라면 작은 관심이 기분 좋게 한다는 것을 안다. 바로 나처럼. 어쩌면 산책하는 동안 처음으로 들은 소리일지도 모른다. 그래서 연약하고 아픈 강아지를 운동시키려고 나온 사람을 보면, 마음에서 우러나온 소리로 말한다.

"강아지가 사랑을 많이 받네요."

짧은 인사와 웃음을 뒤로하고 돌아설 때면 내 기분도 좋아진다. 방금 본 사람이 좋은 사람임을 알아본 순간이기 때문이다. 지나가는 사람 눈에는 평범하고 아픈 강아지로밖엔 안 보여도 보호자는 더없이 사랑스럽고 소중한 존재를 돌보는 중이니까.

산책길에 좋은 사람을 알아봐서 발걸음은 가볍지만 한참 걷다 보면 자연현상으로 물을 버려야 할 때가 온다. 화장실을 찾는다. 마침 건물이 있어 들어간다. 도우미 아주머니가 청소하고 있다. 친절을 실천할 수 있는 좋은 기회다. 예전엔 "수고하세요." 하고 나왔지만, 그 말이 윗사람이 아랫사람에게 하는 말이라는 것을 알고 난 다음엔 가려가며 쓴다. '고생하시네요'도 듣기에 따라 안 좋을 수 있다. 그럴 때 쓰라고 '고맙습니다'가 있는 거다. 말하고 생각하니 정말 고마운 일이다. 무심코 사용하지만 청결과 불결의 차이는 그날의 기분에 큰 영향을 미치니 말이다. 기분 좋게 나올 수 있게 해 준 공로자에게 고마운 마음을 전하면 기분 '더' 좋음이 된다. 그러고 보면 고마운 사람들이 얼마나 많은가. 버스 기사가 없었으면 먼 거리 이동은 어쩔 뻔했나. 안락한 좌석에 목적지에 가장 가깝게 데려다주는 택시 기사도 마찬가지. 당연히 '감사합니다.'다. 다리품으로는 꿈도 못 꿀 공간 이동의 공로자는 지하철 기관사, 비행기 조종사도 있지만 직접 대면할 수 없어서 마음으로만 꾸벅.

식당, 카페, 시장, 편의점, 약국… 가는 곳마다 택배기사, 우체부, 가스 배달원… 오는 사람마다 인사할 사람이 많으니, 이 '가급적 친절하려고 하는' 여자는 바쁘다.

의도적이든 반사적이든 친절을 모토로 삼고 사는 데는 이유가 있다. 웃는 얼굴에 침 못 뱉는다고, 적을 만들지 않으려는 심사다. 나는 애초에 전의는커녕 대치조차 겁내는 사람이다. 싸울 엄두를 내지 못한다. 작고 힘이 없으니 누굴 대적할 텐가. 키도 작고 몸집도 작다. 손도 작고 발도 작다. 주먹을 쥐어 봤자고, 뛰어 봤자 빠르지도 않다. 나이 들어 복부지방으로 체중을 불렸지만 나만 늘린 것도 아니더라. 키가 작아도 암팡진 사람도 많던데, 어려서부터 몸집만큼이나 성격도 물러서 피하는 일이 다반사였다. 그게 작은 여자가 생존하는 방법이었다.

그래서 그런지 전쟁영화, 액션영화는 싫어한다. 일단 피를 보는 게 싫다. 연기니까 칼을 맞거나 주먹에 얼굴이 돌아가도 합을 맞추었겠지만, 찔리고 베인 것을 보면 실제 상황인 양 고개를 돌린다. 무엇보다 왜 죽기 살기로

싸워야 하는지, 그걸 왜 재미있다고 보는지 이해할 수가 없다. 스포츠 경기도 좋아하지 않는다. 월드컵 경기 때 8강, 4강 해도 관심이 없어서 열렬한 팬들에게 눈총을 받기도 했다. 축구공 하나에 나라의 자존심을 건다는 게 이해되지 않았다. 왜 이기고 지는 데 매달리는지, 승부 없는 게임은 없는지.

싸움이 힘겨루기만 하는 건 아니다. 서열 다툼이 있고, 보이지 않는 경쟁이 있다. 더 가진 사람, 더 배운 사람, 더 잘생긴 사람이 우위를 차지한다. 인간성으로 서열을 매긴다면 과연 그중 얼마나 상위권을 유지할까.

가진 것 없고, 가방끈 짧고 평범하게 생긴 사람은 나처럼 '작은 사람'들이다. 무대에 같이 선다면 스포트라이트가 앞에 선 사람들에게만 비치고, 어쩌다 한 번 슬쩍 비치고 지나갈 조연이고 엑스트라인 배역들. 하지만 억울하지 않나. 누군들 남을 돋보이려고 살까. 한 번뿐인 제 인생에서 주인공은 자신인데.

역시나 억울한 작은 여자는 이런 상상을 해본다. 재벌 회장의 이발사는 면도칼을 쥐고 있는 순간엔 회장의 머리 위에 있다고. 유식한 박사님이 식당에 갔을 때 허기진 위장을 채워주는 건 명성이 아니라 조리사가 만든 음식 아니겠냐고. 그리고 나는 아들이 유명한 스타가 아니라 매일 저녁 식탁에서 이야기를 주고받을 수 있어 좋다고 말이다.

　나는 작은 여자여서 꿈도 작고 욕심의 크기도 작다. 싸울 깜냥이 안 된다는 걸 일찌감치 깨달았기 때문에 적을 만들지 않으려고 한다. 그래서 친절하려고 애쓰지만 비굴해 보이는 친절은 절대 금물이다. 친절, 그다지 어려운 일도 아니고 오히려 가성비 좋은 내 편 만들기라는 걸 진작 알았다.

　그 쉬운 방법을 모르고 승부수에만 매달리는 앞줄의 큰 사람들, 좀 비켜요. 작은 여자 좀 나오게.

칭찬 나라의 빈부격차

제주도에 내려온 첫해엔 점심 식사 때문에 몇 번 낭패를 봤다. 늦은 점심을 먹으러 찾아가면 오후 세 시에서 다섯 시까지 브레이크타임인 식당이 많기 때문이다. 게다가 재료 소진이라고, 주인이 자유로운 영혼인지 서핑하러 간다고, 올레길 걷겠다고 아무 때나 닫는 집도 있다. 하필 배꼽시계가 오후 세 시쯤 알람을 울리면, 위장에 먹고 싶은 것을 제대로 공급해 줄 수 없는 불상사가 생기기 일쑤다.

어느 날은 돈가스, 추어탕, 자장면으로 변경해가며 여러 군데 돌다가 닫힌 문 앞에서 돌아서길 몇 번, 차선의 차선으로 찾아간 분식점조차 브레이크타임 푯말이 걸려 있었다. 메뉴 선택의 자유는커녕 쫄쫄이 굶어야 하는 신세라니.

그날도 애매한 시간에 배꼽 알람이 울렸다. 그런데 남

편과 경치에 팔려 드라이브하기 좋은 길을 다녀서인지 식당이 보이질 않았다. 도로 양옆에 늘어선 비자나무, 편백나무, 너울대는 억새 군락, 목장에서 한가로이 풀 뜯는 말 떼… 말할 나위 없이 아름다운 풍경이었지만 그 길에서 정작 우리에게 필요한 건 식당이었다. 눈에 불을 켜고 식당을 찾느라 풍경은 건성으로 흘려보낼 뿐.

그러다 신축 건물에 간판까지 산뜻한 '돈 브라더스'가 보이니 어찌나 반갑던지. 작고 아담한 화단에는 가을볕을 받으며 소국이 소담스럽게 피어 있었다. 세련된 외관과 걸맞게 청년 몇이 검정 앞치마를 두르고 서빙할 것 같은 분위기였다.

호기롭게 문을 밀고 들어갔다. 아무도 없었다. 손님도, 주인도. 문이 열려 있고, 실내조명이 켜져 있으니 장사하는 게 분명한데 주방 쪽도 조용했다. 다시 밖으로 나왔다. 길 저편에서 한 남자가 덩치 큰 개에 끌리듯 달려오고 있었다. 남자가 숨을 고르며 개를 묶어 놓고는 그제야 인사를 했다.

"식사하러 오셨어요?"

인상 좋은 청년이었다. 드디어 원하는 식사를 주문할 수 있겠다는 안도감. 고춧가루 팍팍 넣어 칼칼한 김치찌개를 끓여달라고 해야지….

 그런데 하필 김치가 떨어졌단다. 대신 해물된장찌개를 맛있게 끓여주겠단다. 이래도 좋고 저래도 좋은 점심 메뉴는 김치찌개나 된장찌개 아닌가. 짜장면과 짬뽕처럼.

 청년이 주방에 들어가 한참 덜그럭거린 끝에 찌개를 내왔다. 근데 좀 이상했다. 분명 해물된장찌개라고 했는데, 양파 몇 조각에 딱새우 서너 마리가 전부였다. 제주도에서는 어딜 가나 전복, 꽃게는 기본으로 들어가는데 건질 게 없어도 너무 없었다. 하지만 한 숟가락 떠먹은 국물의 감칠맛이 뛰어났다.

 "집된장 쓰시나 봐요?"

 내 질문에 청년은 기다렸다는 듯 '엄마표 된장'이라면서 청주에서 보내주신다고 했다. 그 말에 내 고향이 청주와 가깝다는 말이 이어졌다. 그 정도 되면 신상 공개는 신속하게 이뤄지기 마련이다. 짐작대로 간판만 '돈 브라더스'일 뿐, 주방장도 없이 혼자 운영하는 가게였다. 제주에 내려온 지는 6, 7년 되는데 한동안 같은 업종의 식당에서 일하며 브라더스들에게 배워서 자신의 가게를 차렸단다.

 "동네에서 떨어진 곳인데, 혼자 외롭지 않아요?"

"제 친구 시베리안허스키가 있잖아요?"

"아, 아까 끌려오던 힘센 개?"

"맞아요. 산책하러 나가면 개가 저를 산책시켜요. 저 친구가 얼마 전에 퇴원해서 자주 바람 쐐주러 가거든요."

이쯤에서 신상 나누기 2단계에 돌입한다.

"건강해 보이는데, 어디가 아파서 입원까지…."

"차도로 뛰어들었다가 교통사고를 당했어요. 그땐 정말 죽는 줄 알았어요. 맘껏 뛰놀라고 시골에 들어왔는데…. 그래도 좋은 수의사 만나서 살려냈으니 얼마나 다행인지 몰라요."

청년은 그 일이 떠오르는지 눈시울이 붉어졌다. 허허벌판이나 다름없는 곳에, 어깨너머로 배운 솜씨로 식당을 차렸다는 말에 대책도 안목도 없는 사람으로 보였는데, 개를 위해 택한 곳이고 꽤 큰 돈을 들여 살려냈다고 하니 청년이 달리 보이기 시작했다.

사람이 좋아 보이니 재료가 부실한 된장찌개도 맛있었다.

"어머니 솜씨가 좋으시다. 찌개가 식당 맛이 아니라 집밥 맛이에요."

나는지금

신용카드 결제됩니다

사골떡국 6
나눔정 차장조림 5,?이

생선구이		
	가자미	9,000
	고등어구이	9,000
	갈치구이	9,000
	조기구이	9,000
	모둠생선구이	25,000

생선조림		
	고등어조림	9,000
	갈치조림	9,000

순두부 비빔밥
7,000 5,000

"엄마가 보내는 김치와 된장으로 그럭저럭 해나가고 있어요."

나는 청년이 건넨 커피믹스 값까지 쳐서 현금으로 밥값을 냈다.

집에 혼자 남은 아들이 생각났다. 차려준 밥 먹고 출근하기도 바빴던 아들이 제대로 먹고나 다니는지…. 내 마음은 얼굴을 본 적 없는 청주 엄마와 다를 게 없었다.

앞으로 잘될 거라는 인사말을 남기고 식당을 나섰다. 청년이 우리가 탄 차가 떠날 때까지 나와서 손을 흔들어 주니, 대접을 받고 돌아오는 기분이었다.

백미러에서 청년이 사라지기도 전에 남편이 찬물 한 바가지를 끼얹었다.

"저렇게 해선 오래 장사하기 어렵겠다. 해물 없는 된장찌개가 말이 돼?"

"왜, 국물 맛은 좋았잖아."

내 대답이 도화선이 되었다.

"된장 맛이 거기서 거기지. 멀건 국물에 새우 몇 마리 띄우고 그게 해물이라고? 아까 당신도 잘못했어."

잘못이라고? 얼른 지금까지의 상황을 되감기 해 봤다. 아무리 생각해 봐도 모를 일이었다.

"그따위 찌개를 먹고 커피값은 왜 줬어? 맛있다고 칭찬해, 잘될 거라고 덕담해, 그게 잘못이라고. 저 친구는 정말 그런 줄 알고 앞으로도 성의 없이 장사할 거 아냐. 그러면 손님 떨어지고, 손님 떨어지면 가게 문 닫아야지. 만약 저 친구가 문 닫으면 당신 책임도 있는 거야."

남편의 주특기, 쐐기 박기가 나왔다. '칭찬보다는 지적이 도움이 된다'라고 해도 될 말을 굳이 삼단논법으로 마무리 짓는 저 심보.

사실 현금을 냈을 때 거스름돈이 없다며 계좌이체를 해주겠다고 해서 커피값으로 통치자 했는데, 그조차 청년이 준비성이 너무 없다는 말이었다. 내 되감기에서는 발견되지 않았던 문제들이 줄줄이 사탕으로 나왔다. 남편은 내 오지랖을 지적하고 싶었는지도 모른다. 친절한 여자처럼 말하는 게 못마땅했을지도.

한 번 본 사람이 보인 립서비스성 친절이나 칭찬, 혹은 오지랖이 상대방을 나태하게 만들 수도 있다는 생각은 해 본 적이 없었다.

이어진 생각은 내 태도에 대한 방향이나 수정할 점을 점검하기까지 이르렀다. 그러나 조금 지나자 슬슬 반감이 올라왔다. 수십 년 동안 몸에 밴 행동이 마음먹는다고 쉽게 바뀔 것 같지 않았다. 친절이 잘못이면 그건 내 탓이 아니라 세상이 너무 각박한 탓이란 쪽으로 기울었다. 칭찬 나라의 빈부격차는 멀리서 찾을 필요 없이 그 자리에도 있었다. 빈말이 허튼소리라는 고정관념이 문제 아닌가. 그러면서도 자신은 입에 발린 줄 알면서도 찬사를 좋아하는 이중성이라니.

그 후로도 이따금 그 식당 앞을 지난다. '돈 브라더스' 간판을 보면 반갑다. 코로나19로 소문난 식당도 문을 닫는 판에 굳건히 자리를 지키고 있다는 게. 해물이 뚝배기에 넘쳐도 또 찾아가지 않는 식당도 있다. 소문난 식당이라도 맛으로 포만감을 다 채워주진 못하기 때문이다. 엄마의 염려와 기대로 담근 재료가 식탁에 올라오는 한 그 식당은 손님이 연일 찾을 것이다. 한 번쯤 그곳에 가서 흑돼지 삼겹살을 주문하고 싶지만, 남편은 절대 가지 않을 테니 나도 말을 꺼낸 적은 없다. 그저 그 앞을 오가며 볼 때마다 한 번씩 눈인사만 보낸다.

'잘되고 있죠? 잘되어야 해요. 그래야 내가 어디서도 친절하게 말할 수 있거든요.'

친절이 나를 푼수로 만들지라도

 립서비스성 친절이든 오지랖이든 고수하고 살겠다고 마음먹은 지 한 달도 안 돼서 내 올무에 내가 걸린 꼴이 생겼다.

 오름을 가봐야 제주도에 온 거지, 하는 생각으로 찾은 따라비오름에서였다.

 남편보다 먼저 퇴직한 직장 동료 부부는 360여 개의 오름을 다 오르겠다는 목적으로 제주도에 와 있다고 했다. 부인이 내게 꿀팁을 알려주겠단다.

 "오름 주변엔 마땅한 식당이 없으니 간단한 도시락을 싸가는 게 좋아요. 하늘 보며 먹는 샌드위치 한 조각, 커피 한 잔이면 어떤 카페도 그보다 좋을 수가 없어요."

 수년 전에 여행 와서 올랐던 용눈이오름이나 새별오름 주변이 들판 뿐이던 기억이 났다. 그 부인이 눈을 빛내며 말할수록 오름에 가는 이유가 도시락 때문인 양 낭만적으로 들렸다.

　마침 우리가 사는 표선면에 억새 풍경이 아름다운 오름의 여왕이 계신다는데 알현하지 않으면 불충일 터. 여왕이라면 머리를 조아리게 하는 위엄이 있을 테니 다른 오름보다 먼저 찾는 게 예의리라.

　12월 초, 바람이 쌉싸름하니 상쾌한 날 길을 나섰다. 오르는 데 15분 정도라니까 겨우 언덕 높이려니 했다. 순하고 부드럽게 열린 길, 바람의 방향대로 흔들리는 억새 무리. 두 개의 갈림길에서 정상 쪽을 가리키는 이정표를 따랐다. 계단으로 오르는 길이었는데, 완만해서 걸을 만한데도 평지만 걷던 발목과 종아리라 얼마 못 가 속도가 떨어지기 시작했다. 산 정상에 가서 깃발을 꽂을 것도 아니고, 내 속도대로 가겠다고 하자 남편은 먼저 성큼성큼 올라가 버렸다. 몇 계단 오르다 숨차면 쉬고 느릿느릿 걷다 보니 마른 고사리 잎이 눈에 띄었다. 가을 억새가 마음을 흔들 정도로 환상적이라면, 봄 고사리는 눈과 입을 기쁘게 해줄 테니 봄에 다시 올 이유가 생겼다.

　그렇게 해찰 부리며 오르고 있는데 계단에 주저앉은 꼬마 여자애가 보였다. 다리 아파 못 가겠다고 투정을 부리며 엄마와 실랑이하고 있었다.

"예쁜 아기네. 몇 살? 씩씩하게 잘 올라갈 수 있지?"

나도 애 엄마를 도울 셈으로 상냥함을 최대치로 끌어올려 아이에게 말을 붙였다. 아이가 올려 보더니 배시시 웃었다. 예쁘단 말은 지친 아이도 일으킨다. 아이 엉덩이를 떼게 한 내 자신을 뿌듯해하며 앞장서려는 순간, 뒤에서 머리칼을 잡아당기듯 들려온 엄마의 한마디.

"그래, 우리도 할머니 따라가 보자."

순간 얼음땡이 되고 말았다. 할머니? 언젠가는 들을 호칭이지만 그날이 처음이었다. 아직 할머니 소리는 먼 줄 알고 있었다. 하긴 후배도 손자가 생기자 프로필에 아기 사진 올리기에 바쁜데, 지금 들어도 조금도 어색할 게 없는 나이긴 하다. 그래도 준비 없이 한 방 맞은 기분이었다.

귀엽긴 해도 한눈에 예뻐 보이지 않았던 아이를 부추기고 고작 받은 게 할머니라는 호칭인 것이 몹시 불쾌했다. 다시 보니 아이 엄마도 예쁜 축에 들려면 좀 멀었다. 그때처럼 미의 기준이 100% 주관적인 적은 없었다.

'흥, 그 엄마에 그 딸이라고. 길을 막아놓고선 한다는 소리가….'

속에서 용암이 부글부글 끓기 시작했다. 한라산 백록

담도 수만 년 전에 토해냈다는 용암이 거기서 끓고 있으니 따라비오름 옆에 신생 오름 하나 더하게 생겼다. 그 모녀가 내 표정을 봤다면 조금 전까지 친절하고 다정했던 '할머니'가 갑자기 돌변하여 헐크나 슈렉이 되었다고 할지도 모를 일. 얼른 입을 다물고 뒤통수만 보인 채 걸음을 재촉하기 시작했다. 느림의 미학, 어쩌고 하며 여유를 부리던 뇌가 태도를 바꾸었다. 순간 발목부터 허리까지 힘이 들어가 그야말로 달리듯 계단을 올랐다.

진작 남편과 보폭을 맞출 것을. 남편을 보자마자 방금 들은 낯선 호칭에 대한 하소연을 쏟아냈다.

"글쎄, 나를 보고 할머니란다. 어딜 봐서 내가 할머니야?"

말 한 번 잘못 했다간 불똥이 어디로 튈지 모르겠다고 판단했을까. 얼굴까지 벌게서 성토하는 나를 보고도 남편은 입을 열지 않았다.

참 묘한 기분이었다. 그렇게 화날 만큼 못 들을 말이었나. 몇 번을 곱씹어도 놀랄 일도, 화날 일도 아닌데 순간 솟구친 감정이라니. 여왕의 용안을 봤어도 기분이 나아지지 않고 할, 머, 니 세 음절만 머릿속에서 뱅뱅 돌 뿐이었다. 그러나 인정해야만 하는 사실을 내려오기도 전에 스스로 깨달았으니….

남편이 기분을 풀어주려고 연신 눌러대는 셔터에 구겨진 얼굴을 겨우 펴고 사진을 찍고 있을 때였다. 사진이라는 게 그렇다. 조금 전까지 붉으락푸르락하다가도 렌즈가 얼굴을 향하는 순간, 자동 발사되는 웃음으로 가식적인 표정을 짓게 된다. 가짜 웃음도 진정되는 효과가 있어서 서서히 풍경이 들어오기 시작했다. 정상 푯말이 꽂힌 자리가 포토존이라 여러 사람이 번갈아 사진을 찍고 있었다. 우리도 인증 샷을 남기려 그쪽으로 갔다. 한 가족이 눈에 들어왔다. 젊은 여자가 부모님과 아이를 데리고 온 것 같았다. 혼자 사진을 찍느라 바빠 보였다. 다시 찾은 여유와 함께 발동한 '친절한 여자'의 본분.

남편에게 가족사진을 찍어주라고 말했다. 그 가족은 부탁도 하기 전에 먼저 나서자 연신 고맙다면서 포즈를 취하기 시작했다. 여자가 아이에게 말했다.

"삼촌이 사진 찍어준대. 삼촌 옆 할머니를 향해 손 흔들어 봐."

앗! 아까 그 여자이고 그 아이였다. 속으로 못생긴 모녀라고 욕했던. 그런데 알아보지 못하고 또 오지랖을 편 것이었다. 여자는 실수가 아닌 것을 증명하듯 할머니란

호칭을 또렷하게 발음했다. 그런데 왜 남편은 삼촌이라고 부르는 건지.

유행 지난 우스갯소리 중에 '깐 이마 또 까'라는 말이 있다. 여자는 작정하고 나를 깔 생각인가? 삽으로 묻어 버릴 것을 포클레인으로 더 깊숙이 묻고 다지려는 속셈인가? 어쩌자고 부부를 모자지간으로 만들어 버린단 말인가.

이번엔 충격도 느껴지지 않았다. 헛웃음만 나올 뿐이었다. 처음부터 내가 자초한 일이었다. 만난 지 30분도 지나지 않아 여자와 아이를 몰라보다니. 노안도 인정, 인지력 감퇴도 인정.

내려오는 길에 힘 빠진 소리로 말했다.

"아까 할머니라고 했던 그 여자야."

"그렇게 기분 나빠 하더니 무슨 마음으로 사진을 찍어 주라고 했어?"

못 알아봐서 그랬다는 말은 하기 싫었다.

"당신은 삼촌 소리 들어서 좋겠네. 아드님, 안 그래요?"

남편이 내 상태를 눈치챘다. 여자에게 예쁘다는 말이 강장제라면 늙었다는 말은 바로 독약이라는 것, 그 독약의 이름이 '할머니'라는 것을.

"제주도에선 삼춘이라는 말이 나이 든 어른들에게 두루 쓰는 존칭인 거 알잖아. 이모, 고모 하지 않고 삼춘이라고 하는 소리 못 들었어? 남녀 구분 없이 부르잖아."

"삼춘이라 했다고? 아니던데. 그 여자 제주도 사람 아니야."

삼촌이라는 말에 혹해 남편이 건성으로 말하는 것 같았다. 그렇담 못생긴 모녀가 그에겐 더없이 예쁘게 보였을 테지. 우리는 동갑이지만 그는 일찌감치 조숙한 얼굴이어서 고등학생 때 여대생이 오빠라고 부를 정도였다. 항상 나이 차가 나는 부부로 보이다가 이참에 얼마나 신났을까. 더는 남편에겐 얻을 게 없었다. 자칫하면 그의 기분만 상승시키는 데 일조하고 말 테니.

차에 올라 타자 딸에게 전화가 왔다. 울고 싶은데 뺨 때려주는 고마운 전화. 처음부터 끝까지 일러바쳤더니 딸이 분석에 들어갔다.

"오늘 의상은?"

"아빠는 빨간 운동모에 청바지. 나는 자주색 모직 모자, 검정 패딩에 면바지."

"요즘 코로나라 산에서도 마스크 쓰니까 나이가 가늠

안 되지. 그냥 빨간 모자만 봐도 아빠가 젊어 보였겠는걸. 그리고 엄마 벙거지 썼지? 내가 그 모자는 나이 들어 보인다고 했잖아."

이어 덧붙인 말.

"옷도 옷이지만 엄만 자세가 틀렸어. 그리고 어디 가서 먼저 말 걸지 마. 특히 젊은 여자들에겐."

제 아빠 닮아서 딸도 쐐기를 박았다.

다시 생각해도 울고 싶은 날이었다.

"내가 따라비오름에 다시 오나 봐라."

돌아서는 등 뒤에서 여왕이 용안을 찡그렸을지도.

그 후론 아직 따라비오름에 가지 않았다. 그 여자가 내가 가는 날 같은 시간에 다시 올 리도 없고, 멍청이가 아닌 이상 아역 탤런트를 만난대도 말 붙일 일 또한 없을 텐데도.

기다렸던 봄이 오자 나는 어린 고사리가 주먹을 꼭 쥐고 있을 그쪽으로 내달았다. 따라비오름 주변에 쑥쑥 올라온 고사리가 눈에 아른거리고, 큰사슴이오름 쪽엔 고비가 한창이기 때문이다. 가시리 녹산로에 끝없이 이어지는 유채꽃, 벚꽃은 또 어떻고.

고사리 앞치마 두르고 장화 신고 구부린 자세로 풀숲

을 헤집는 나는 '빼박' 할머니다. 유채꽃 노란 물결 속에 서 있는 폼, 없는 폼 다 잡고 웃는 얼굴로 렌즈를 향할 때는 멋쟁이 작가가 여행 온 포스다. 젊지는 않지만 아주 늙은 것도 아닌 나이. 머잖아 할머니 소리에 용암 분출했던 기억마저 그리울 때도 오겠지만, 아직은 푼수로 남을 테다.

친절이 나를 푼수로 만들지 몰라도, 인상 굳은 할머니보단 친절한 할머니가 낫지 않겠나. 뭐가 달라도 다를 거라 믿으며.

뒤바뀐 소개팅

 신산리는 겨울에 바닷길을 걸으며 지나갔던 곳이다.
 햇볕은 따뜻했지만 바람이 몹시 불어서 오래 걸을 수 없었다. 마침 바닷가 도로변에 '바다 편의점'이라고 쓰인 작은 입간판이 보였다. 바람을 피해 들어가 보니 상호가 무색하게 편의에 도움이 될 만한 물건은 눈에 띄지 않았다. 하긴 한쪽에 고무장갑, 때수건, 양초, 면장갑 등이 있으니 동네 사람들에겐 편의점이 맞겠다. 다르다면 일반 편의점에 골고루 있는 라면이 그곳에는 두 가지뿐이었다. 신라면과 안성탕면. 과자류도 상당히 고전적이었다. 꼬깔콘, 빠다코코낫, 꿀꽈배기 외에 두어 종류 더. 한눈에도 구멍가게였다. 올레길을 걷는 뚜벅이 여행자들이 와도 살 게 없어 보였다.
 가게에 딸린 살림방에 할아버지는 침대에서, 할머니는 바닥에서 이불을 덮고 텔레비전을 보고 있었다. 노인들이 장사를 해서 그런지 진열 상태도 뒤죽박죽이었다. 생기라곤 찾을 수 없는 가게에서 뛰어다니는 건 강아지 한 마리. 녀석은 가게 앞을 지키고 있다가 손님이 오면 안내라도 하듯 앞장서며 꼬리를 쳤다. 알고 보면 한몫하는 영업부장인 셈.

"강아지가 사랑을 많이 받아선지 잘 따르네요. 귀여움을 많이 받겠어요."

강아지에게 관심을 보였더니 할머니 얼굴이 환하게 피었다. 노인들은 대부분 개를 집 지키는 가축 정도로 생각하는데, 할머니는 달랐다.

"이 강생이(강아지)가 우리 자식이우다. 야이 엇이민 웃을 일이 엇주(이녀석 없으면 웃을 일이 없지). 목욕 자주 시경(시켜서) 방이서 재우는디, 요샌 추와부난 못햇주(추워서 못했지요)."

"어쩐지, 밖에서 뛰어다니는 강아지가 털이 반지르르하고 깨끗하다 했더니…."

언제나 그렇듯 동물 이야기는 말 물꼬 트기에 최적이다. 그렇지만 살 게 별로 없었다. 가게 한쪽에 둥그런 테이블이 놓여 있고 그 옆 가스레인지 위 냄비에서 뭔가 끓는 것이 보였다. 어묵 냄새가 식욕을 당겼다.

따끈한 어묵 국물로 속이나 데우고 식당을 찾아갈 참이었는데, 맛을 보니 분식점이나 포장마차에서 먹었던 어묵하고는 급이 달랐다. 예사롭지 않은 국물 맛, 멀리 갈 것도 없이 구멍가게가 숨은 맛집이었다.

"할머니, 국물이 끝내주네요. 비결이 뭐예요?"

"무신(무슨) 비결이라게. 이신 거 어신 거 몬딱(있는 거 없는 거 모두) 때려넣은 거라."

그 있는 대로는 딱새우, 홍합, 뿔소라, 게 같은 해산물에 다시마, 미역, 무였고, 더 있으면 더 들어가고 없어도 기본이 그 정도라 했다. 한 꼬치에 700원 하는 어묵 국물의 베이스치곤 가성비 최고, 맑은 해물탕 한 대접 들이켠 기분이었다. 거기다 할아버지를 위해서 끓였다는 산야초 달인 물까지. 꼬치 몇 개 먹고 계산하는 손이 미안할 정도였다.

"비싼 해산물 넣고 어묵 끓이면 오히려 손해 보시겠어요."

"댕겨보난 알암실테주마는 올레질 걷당 보민 식당이 벨로 엇어(다녀보면 알겠지만 올레길 걷다 보면 식당이 별로 없어). 배고프고 지친 사름덜 오민 잘 멕영 보내사주게(배고프고 지친 사람들 오면 잘 먹여 보내야지)."

똑같은 말을 어디서 들었더라? 아하, 춘자국숫집. 편의점 할머니 역시 손 크고 마음 씀씀이는 더 큰 제주 할망이었다.

한동안 잊고 있다가 간 날도 날씨가 나빴다. 강아지 산책시키려고 나온 친구를 만나 바닷가를 걷는데 갑자기 먹구름이 몰려온다 싶더니, 자동차로 달려갈 새도 없이 비로 변했다. 급히 들어간 곳이 할머니의 구멍가게. 나와 친구 모녀, 강아지 유모차 두 대까지. 안 그래도 좁은데 떼로 몰려들어 가니 가게가 꽉 찼다. 사람보다 유모차가 차지한 공간이 더 커서 미안한데, 역시나 영업부장 강아지는 '반갑다고 꼬리치며 멍멍멍' 할머니도 반겼다. 꼬리 대신 두 손 들어서.

"방 안에서 키우는 강생이(강아지)로구나. 우리 강생이 멕이는 거 주민 안 되켜. 아꼬운 것덜, 무시거 줄 거 어신가(예쁜 것들, 뭐 줄 거 없을까)?"

순식간에 구멍가게가 애견 카페로 돌변한 분위기였다.

그날은 한치라면을 먹기로 했다. 한 번 봤으니 기억 못 하겠지만, 지난겨울에 먹은 어묵 맛을 잊지 못한다고 했더니, 오랜 단골 대하듯 했다. 이어 나온 한치라면. 또 와준 게 고마워서 더 넣었다는 한치가 아무리 먹어도 끝이 없었다. 어묵의 감동을 재연해 주려는 듯, 이번엔 후식으로 반건조 오징어를 구워 주었다. 오징어는 껍질을 벗겨 말린 것이었다.

"할머니, 저도 강릉 살 때 오징어 말려 봤거든요. 거기서는 껍질 벗기지 않아요. 손이 많이 갈 텐데, 그걸 일일이 벗겨내요?"

"제주도에선 그치룩 허영 몰리주(그렇게 해서 말려). 바당(바다) 앞이 오징에 널어놓은 것덜(바다 앞에 오징어 널어놓은 것들) 많이 봤지이? 가게만 지켱 고만이 잇이민 어떵허여(가게만 지키고 가만히 있으면 뭐해). 심심허게 손 놀리지 말고 무시거라도 해사주게(뭐라도 해야지)."

이번에는 미나 여인이 한 말을 다시 듣기 하는 자리였다. 어쩜 그렇게 닮았을까.

여기까지는 할머니의 후한 인심과 장사 철학에 관한 얘기였다면 진짜 얘기는 지금부터다.

비는 여전히 퍼붓고, 잦아들길 기다리는 동안 여자들의 전매특허, 수다 떨기에 돌입했다. 젊은이들은 도무지 이해 못 하고 남편들도 어이없어하는, 모르는 여자들끼리 만난 지 5분도 안 돼 신상 펼치기를 시작한 것이다.

할머니가 친구 딸의 나이를 물은 게 첫 단추였다고 말하면, 여자들은 다음에 펼쳐질 내용을 대략 짐작한다. 짐작대로다.

할머니가 반색하면서 당신 조카와 동갑이란다.

"나 남동싱(남동생), 저 큰길가에 이신 빌라가 두 채라. 나중에 아덜(아들) 장개(장가) 보낼 때 혼(한) 채 내준덴 햇어. 동싱은 낫살(나이) 먹어도 현역이라. 기술이 이선 돈벌이를 허니까(하니까) 자식헌티 손 내밀지 않을 사름이주게."

조카 나이만 말하고는 동생 자랑을 한참 했다. 보아하니 씨월드는 문제없다고 강조하는 전략 같았다. 라면 먹다가 중매가 훅 들어온 것이다. 갑자기 비가 쏟아지더니, 그러려고 비가 등 떠밀어 가게로 들여보냈나.

친구가 재미있는지 맞장구쳤다.

"조카는 뭐하는데요?"

"대학 댕길(다닐) 땐 매날(맨날) 그쟈(그저) 카메라만 메엉 댕기멍(메고 다니며) 사진 찍어신디(찍었는데), 지금은 농협에 취직허연 착실히 다념서(다녀)."

그쯤에서 내가 끼어들었다.

"전공은? 인물은? 성격은?"

"미술인가 뭐옌핸게(뭔가 하데). 인물이야 빠지지 않주. 직장도 탄탄하고게. 경헌디(그런데) 숙맥이라. 여자 혼 번(한 번)을 못 사귀어서게."

"웬일이래, 이 집 딸도 미술 전공했어요. 만나면 동갑끼리 통하겠는걸. 들어보니 성실하고 순진한 남자 같네요."

"허고말고(그렇고말고). 몬딱 준비뒈신디(모두 준비됐는데) 여자만 엇어게(없어서)…."

가볍게 시작한 이야기가 무르익기 시작하자 당혹스러운 당사자는 저쪽으로 가서 딴전이었다. 살 것도 없는 진열대만 보면서. 마음 같아선 밖으로 나가버리고 싶겠지만 비가 막고 있으니 그럴 수도 없고.

할머니가 적극적이어서인지 친구도 관심이 있었는지 그 자리에서 서로 전화번호를 주고받는 데까지 진도를 뺐다. 중간에 나서서 추임새를 넣은 내 공도 한몫했을 터. 일이 성사되면 술이 석 잔, 잘못되면 따귀가 세 대라는 중매에 나서다니. 제주도에 잠깐 살면서 친구 딸 시집보내게 생겼다.

한 달이나 지났을까. 잊을 만했을 때, 친구가 불쑥 그 얘길 꺼냈다.

"며칠 전에 신산리 할머니가 전화해서 우리 그 가게 갔다 왔어. 할머니가 조카를 불렀더라고."

꺼졌던 전구에 반짝, 불이 들어왔다.

"진짜? 소개팅한 거야?"

"얼굴이나 한번 보라고 했지. 손해 볼 거 있냐면서. 근데, 우리 딸 진짜 얼굴만 보고 왔더라."

"왜? 아주 아니더래?"

"할머니 말이 맞더란다. 여자 한 번 못 사귄 숙맥이라는 말. 고개도 못 들고 말도 제대로 못 하더래."

"처음에야 그럴 수도 있지. 사귀다 보면…."

"가르치면서 사귈 나이는 아니라잖아. 처음부터 관심 없었는데 내가 등 떠미는 바람에."

"그래도 딸이 착해. 엄마 곤란하게 만들지 않으려고 나간 거 보면."

술 석 잔이 날아간 순간이었다. 나의 첫 중매사업은 개업과 동시에 폐업이었다.

그렇게 해프닝으로 끝났나 했는데 그건 또 아니었다. 젊은이들은 잠시 무대에 올라왔다 내려간 조연이었고, 정작 친구와 할머니가 인연을 맺었다. 나이 차이를 넘어서 친구 사이가 된 것이다. 서로 호감을 느낀 게 소개팅

당사자가 아니라 주선자였다니.

할머니가 친구에게 가끔 안부 전화를 한다고 했다. 조카 이야기는 꺼내지 않는단다. 통 크고 트인 사람이라 말이 통한다고 했다. 그건 내가 친구를 말할 때 하는 소린데, 그래서 두 사람은 닮은 데를 발견했나 보다.

며칠 전엔 가래떡을 뽑았는데 드리고 싶다면서 할머니를 보러 가자고 했다. 가게 앞엔 입간판만 바람에 흔들릴 뿐, 밖에 내놓은 좌판은 비어 있었다. 가게 문도 한 뼘 남짓 열려 있어서 일찍 닫았나 싶었다. 문을 열고 들어가도 내다보는 사람이 없었다. 그날따라 강아지도 예전과 다르게 풀 죽어 보였다. 방 안을 들여다보니 할아버지 혼자서 텔레비전을 보고 있었다.

"할머니 보러 왔는데 안 계시네요."

"할망이 넘어젼 벵완에 입원햇어(할멈이 넘어져서 병원에 입원했어)."

"할아버지 혼자 해 드시는 거예요?"

"나도 허리가 아판 잘 못 일어남서(일어나). 이웃덜이 왕 술펴줨주(이웃들이 와서 살펴주지), 물건 사레 오민(사러 오면) 돈은 방에서 받암주."

할머니가 없으니 가게 상태는 전보다 더했다. 그때는

어묵 냄새로 훈기라도 있었는데, 빈 주방이 썰렁했다. 두 노인이 꾸려가던 가게가 이렇게 컸나 싶게 휑했다. 친구가 가래떡을 할아버지 손 닿는 데 놓고서 또 오겠다고 돌아서는데, 힘없이 손을 흔드는 할아버지가 자꾸 눈에 밟혔다.

"두 분 다 아프다니 마음이 그러네."

"얼마 있으면 퇴원하신다니까 그나마 다행이다."

그런 날이 곧 올 것이다. 하늘 맑고 햇살 밝은 날, 파란 하늘을 배경으로 유채꽃이 가득 핀 길을 지나 바닷가 길로 접어들면 편의점 앞 좌판에 오징어와 말린 미역이 쌓여 있고, 강아지가 꼬리 떨어지라 흔들면서 달려오는 풍경. 할아버지는 의자에 앉아 강아지를 어르고 할머니는 바삐 왔다 갔다 하는 그런 날이.

성함은 모르지만 고 씨 할머니, 우리 친구. 빨리 회복하고 곧 만나요.

김영갑갤러리

춘자 삼춘, 미나 삼춘

친구가 먼저 '춘자멸치국수' 집에 들어가고 뒤이어 내가 들어갔다.

"저 왔어요!"

그동안 열 번이나 갔을까만 인사는 십 년 단골처럼 하는 나다. 하도 듬성듬성 가서 기억할까 싶었지만, 춘자 여사 표정이 알아보는 눈치였다. 언제 가도 변함없어 보이는 실내 풍경에 새 액자 하나가 추가되었다. 2024년판 '최우수 레스토랑 인증서'다. 4년 만에 또 받은 것을 보니 공정성은 좀 떨어져 보였다. 그냥 막 주는 증서이거나 선정위원이 멸치국수 마니아이거나…. 인증서대로라면 방문자 리뷰가 많아야 하는데 손님도 많지 않고, 더구나 대부분 리뷰 같은 건 해 본 적 없는 나이 든 단골인 것을 알기 때문이다.

그래도 칙칙한 벽에 산뜻한 액자가 걸려 있으니 축하

부터 하는 게 인지상정.

"이번에도 최우수로 뽑히셨네요."

"저런 건 무시거허레 갖당쥠신디 몰르켜(뭐하러 갖다 주는지 몰라)."

춘자 여사다운 대답.

"인증서를 부탁하거나 사신 건 아니고요?"

"종이떼기 혼 장 사그네 무시거에 쓰려고(종이 한 장 사서 무엇에 쓰려고)."

짐작대로였다. 어쩐지 아무도 인증서를 눈여겨보지 않더라니. 그래도 상 받은 식당이 우리 동네에 있어서 자랑스러워하는 내가 있으니, 못해도 한 사람의 관심은 끈 셈인가. 멸치국수를 먹는 동안 단골의 도리로 다시 한번 인증서의 위력을 추켜세웠다.

"사장님이 멸치국수 하나로 40년 동안 식당을 하셨으니 그 공을 알아주는 거죠."

춘자 여사는 인증서엔 관심 없다는 투로 화제를 돌렸다.

"그 전인 교복 가게를 했주게. 표선중학교, 고등학교 교복은 다 우리 집에서 맨들었어. 경헌디(그런데) 교복 자율화 보름(바람)에 가겐 접고 식당을 시작했주. 난 옛날이나 이제나 학생은 교복을 입어사 학생답다고 생각햄서(생각해)."

처음 봤을 때부터 예사롭지 않은 인상이었는데, 의류 사업까지 했다니 새삼 다시 보였다. 카리스마에 다재다능 추가. 듣다 보니 자연히 미나 의상실이 떠올랐다. 비슷한 연령대에 의상실을 시작한 시기도 비슷했다.

"미나 의상실 사장님 아세요? 그분도 50년 전에 직원을 여럿 두고 의상실을 크게 하셨다던데…."

"알고말고게. 고치(같이) 양재학원에 다녔주. 그 친구한티 가게 차리걸랑(차리려면) 표선서 허라고(하라고) 권헌게 나라. 표선이 나 난 곳(고향)이난 잘 알주게."

그때부터 국수는 뒷전. 친구는 일이 있어 먼저 가고, 할 일 없는 나(라고 말하면 없어 보이니까 이야기 채집가)는 그날 놀 자리를 국수가게에 펼쳤다.

춘자 여사가 40년도 더 지난 과거로 가는 기차에 올라타자, 그때부터 이야기에 속도가 붙기 시작했다.

"우리가 핵교(학교)를 댕길 때는 양재학원이 유행이랏어(유행이었어). 그 친구나 나나 다리가 불펀허니(불편하니) 물질을 배울 수도 엇고(없고), 이 손으로 헐 일을 촟아사(찾아야) 했주. 기술을 익히면 아무 디서라도 밥벌인 헐

수 이실 거난(있을 거라) 양재학원에 댕긴 거주(다닌 거지). 그 친구는 의상실, 나는 교복 가게. 혼참(한참) 잘나간 시절이주."

두 사람의 모습에서 갓 스물, 풋풋한 젊은 얼굴을 상상하기는 어려웠지만, 춘자 여사도 미나 여사도 50여 년 전 이야기를 할 때면 목소리가 높아지고 표정이 밝았다. 그건 두 사람만 그런 게 아니다. 젊은이들은 우리를 구시대 사람 취급하지만 우리도 청춘이 있었고 그때의 기억은 어제처럼 선명해서 꺼내는 순간엔 바로 그 나이가 되니까. 주름살 너머로 빛나는 눈동자를 보면 안다.

양재학원에 같이 다니는 춘자, 미나의 모습을 그려 본다. 몸이 불편한 것을 좌절의 이유로 만들기에는 제주 여인의 피가 분명한 그들은, 스스로 자신의 삶을 준비하고 있다. 소아마비 걸린 춘자의 다리도, 앉은걸음으로 밀고 다니는 미나의 다리도 곧은 나무처럼 바로 선 모습으로 다가온다. 아름답고 젊은 그들.

"난 곳(고향)이 표선인디 시집은 한림으로 갔주. 그디서(거기서) 똘(딸) 낳고 세 살까지 키우단 다시 표선으로 왓어. 우리 똘은 잘 커네 좋은 직장 다념시난 걱정이 엇어(없어)."

속으로 뜨끔. 내가 멋대로 상상해서 쓴 '춘자 씨의 과거를 묻지 마세요'를 어떻게 한담. 아예 엎어버리고 새로 써야 하나. 물론 폐기해 마땅할 만한 시나리오라고 반성했지만 상상조차 불손한 것 같았다.

"두 분 다 시대를 앞서간 여성 사업가셨네. 며칠 전 의상실 갔다가 그 분에게 결혼하게 된 사연이랑 아들 하나 있단 얘기 들었어요."

미나 여사에 대한 글도 내 상상이 가미된 부분은 역시 엉터리였다. 미나 여사가 사랑으로 상처 입지나 않았을까 염려하는 말을 했기 때문이다. 오히려 미나 여사의 러브스토리야말로 극적이었음에도.

20대인 미나는 양재학원도 열심히 다녔지만 펜팔도 열심히 했다. 동시에 다섯 명과 편지를 주고받을 정도였다. 그중 경상도 청년이 제주 아가씨 얼굴 한 번 보러 왔다가 그 길로 제주에 눌러앉았단다. 경쾌한 목소리가 미나의 매력 포인트였을까. 시원한 성격에 끌렸을까.

돌이켜보면 내 상상력 부족이 아니라 애초에 장애를 지닌 이들에 대해 무지하고 오만해서 상상 속에 결혼하지 못한 여자들로 그려 버린 것이었다. 그들은 자신을 남과 다르다고 생각하지 않는데.

내가 만난 제주 토박이 중에는 유독 소아마비인 사람들이 많다. 그들이 어렸을 때 제주에 소아마비가 전염병으로 돌았나 보다. 학교에 가면 몸이 불편한 친구들 몇은 있었을 터. 그 모습을 따가운 시선으로 보지 않고 아무렇지 않게 대했을 친구들이었을 것이다. 장애가 제약이 아니었던 그들을 내가 무슨 자격으로 연민의 눈으로 바라봤을까.

춘자 여사가 미나 여사 이야기를 이어갔다.

"그 친구 남펜네(남편)는 조용허고 착헌 사람이라신디 일찍 가고 말았주."

"그래도 아들이 있어서 의지가 되나 봐요. 아기가 태어날 때 4kg이 넘어서 수술했는데 마취도 안 했대요. 그때 하도 고생해서 더는 아기를 낳지 않았다고…."

그날은 새로 채집한 이야기가 흥미롭기보다 자신이 얼마나 편견 덩어리였는지 확인한 게 수확이라면 수확이었다. 친구가 한 말 때문에 더 그랬다.

"내가 갔을 때는 입을 열지 않던 분이 네가 들어오니까 얼굴이 확 밝아지더라. 그분이 얘기 많이 하는 거 첨 봤다. 아니 목소리도 첨 들은 것 같아. 넌 사람을 무장해제 시키는 재주가 있어. 인정!"

마음을 잘 열지 않는 제주 여인들인데, 춘자 여사나 미나 여사는 몇 번 보지도 않은 내게 자신이 살아온 이야기를 했다. 내가 부추기며 이야기를 유도했던 걸까. 그저 들으면서 맞장구치거나 리액션을 크게 한 것뿐인데⋯. 꿋꿋이, 장하게, 빛나게 살아온 두 사람의 인생을 되짚어 보면서 내가 자꾸 작아지는 느낌이었다.

 나를 받아준 그분들이 고맙다. "어서 와." 소리 한 번 안 해도 표정으로 반겨주는 춘자 여사, 그리고 갈 때마다 수선비를 깎아주는 미나 여사⋯. 도시에서는 자주 찾는 식당 주인에게 '이모님'이라 하는데, 제주에서는 그 호칭이 '삼춘'이다. 제주 사람도 아니면서 그렇게 부르는 게 어색해서 이제까지는 한 번도 써 본 적이 없었다. 그러나 이 글을 쓰면서 춘자 여사, 미나 여사로 쓰고는 입속으론 '춘자 삼춘', '미나 삼춘'이라 부른다. 나를 무장해제시킨 건 바로 그 삼춘들이다. 내가 제주에 사는 걸 실감하게 해주었으니까.

사러가 쇼핑

'사러가 쇼핑'은 표선면의 백화점이다. 없는 것 빼고 다 있는 곳. 국민 잡화점 '다이소'보다 가격은 좀 비싸도 품질 좋고, 품목도 다양하다. 게다가 직원들의 태도는 친절을 넘어 부담스러울 정도다. 찾는 물건이 있는 곳까지 안내해 주는 건 물론, 선택의 기로에서 갈팡질팡할 때 시원스레 결정해 주기까지 한다.

5월에 '사러가 쇼핑'에서 정기 세일한다는 문자가 왔다. 3일만 하는 세일 문자를 보자 바로 달려갔다. 지난해에 사려다 만 장화를 사기 위해서다. 일할 때 신는 장화, 외출용 장화가 있어서 안 샀는데, 외출용 장화를 많이 신다 보니 하나 더 장만하고 싶었다.

그때 본 카키색 앵클 장화가 그 자리에 있었다. 먼지를 뒤집어쓰고 있어서 새 상품 같지 않았다. 예의 친절한 직원이 장화를 들고 어디론가 다녀오더니 반짝거리도록 닦아 왔다. 같은 모양의 다른 색깔 장화도 가져왔다. 그러니 안 살 도리가 있나.

카키색과 인디핑크 무늬가 있는 검정색 장화를 한 짝씩 신고 거울에 비춰보고 있을 때였다. 아무래도 수고한 직원을 생각해서 카키색을 선택해야 할 것 같았다. 그런데 아까부터 옆에서 지켜보고 있는 시선이 느껴졌다. 나처럼 장화를 고르던 할머니였다. 망설일 것도 없이 땡땡이 무늬를 잡아 계산을 마친 상태였다.

내가 카키색을 직원 손에 넘기려는 순간, 할머니가 큰 소리로 말렸다.

"그건 칙칙하잖아. 비 오는 날은 산뜻한 걸 신어야 기분이 살지."

할머니가 땡땡이를 바로 잡은 이유겠지만, 나는 이미 일 년 전에 점 찍은 장화였고 무난한 색이라서 좋았다. 검정 장화가 있어서 비슷한 걸 또 살 이유도 없었다. 그런데도 할머니는 절대 불가를 외치는 것이었다. 도대체 왜?

할머니가 팔짱을 풀고 옆으로 바짝 다가와서는 귀에 대고 속삭이듯 말했다.

"실은 내가 그림 그리는 사람이야. 색 보는 눈이 다르니까 날 믿어 봐. 설마하니 잘못 골라 주겠어?"

 장화 고르는데 화가라는 직업까지 동원된 상황. 무슨 천기누설이라도 되는 양 속삭이는 건 무슨 시추에이션?

 좀 이상한 할머니라는 생각이 들었다. 정말 화가인지도 모르겠고, 심심해서 참견으로 시간을 때우고 있나 싶기도 했다. 할머니가 가고 난 다음에 정한 대로 카키색을 살 생각이었다. 그런데 할머니는 다시 팔짱을 끼고는 내가 계산을 마치는 것까지 확인하려는 듯 그대로 서 있었다. 그사이 지나가던 할머니 셋이 신발 코너로 몰려왔다. 신발을 사려는 건 아니고 두 사람의 대화를 듣고는 궁금해서 온 것이었다.

 화가 할머니가 지원군이라도 되는 양 세 할머니에게 물었다.

 "내가 이쪽 장화를 사라는데 말을 안 듣네. 왜 칙칙한 걸 고르나 몰라. 이쪽 건 분홍색이 섞여서 더 산뜻한데."

 할머니들은 각자 온 것 같은데도 아는 사이라도 되는 듯 의기투합해서 이구동성 말했다.

 "나 눈에도 이짝 것이 곱닥헌디(내 눈에도 이쪽 것이 예쁜데)."

 "게메(그러게). 저짝은 똑 강생이 풀 뜯어먹엉 설사헌

거 닮다게(저쪽은 꼭 강아지 풀 뜯어먹고 설사한 거 같네)."

"어른 말 들엉 손해 볼 거 어신디(없는데)."

육지 사람으로 보이는 화가 할머니와 제주 토박이 할머니들, 네 사람이 나를 에워싸고 한마디씩 했다. 레이저를 쏘며 지켜보는 눈동자가 여덟이나 되었다. 장화 색깔 골라 주는 것이 당신들이 지금 해야 할 중요한 일이라는 듯 사뭇 진지했다.

난감한 표정으로 직원을 쳐다보았다.

"둘 다 어울리는데요."

애매하게 웃으면서 한 발 빼려고 했다.

"아니라고! 확실히 분홍 섞인 거여."

그 바람에 직원도 나처럼 안목 없는 사람이 되고 말았다. 결국 어른 말 듣고 결정을 마치자 할 일을 마쳤다는 듯 후련한 얼굴로 각자 흩어지는 할머니들.

집에 와서 보니 할머니들이 정해준 장화가 마음에 들었다. 검정과 섞인 분홍이 추상화처럼 세련돼 보이기까지 했다. 극구 말렸던 할머니가 색감이 뛰어난 화가가 맞나 보았다.

자꾸 웃음이 나왔다. 할머니들의 진지한 표정과 주장을 굽히지 않는 태도가 떠올랐다. 왜 그리 남의 일에 적

극적이었을까. 육지에서는 볼 수 없는 광경 아닌가. 나도 지난해만 해도 이해 못 했을 거다. 분홍이 곱닥하다는 주장도 유치한 색을 좋아한다고 생각했을 테고. 이제는 너와 나의 경계 없이 내 일처럼 여기는 것이 그분들이 살아온 방식이었음을 안다. 참견이 아니라 관심이라는 것을.

  장화 색깔 정하는 것이 곤경에 처한 일이 아닌데도, 어려운 일을 당했을 때 도움의 손길을 받은 기분이었다. 혼자 지내는 게 익숙해졌지만 외로울 때가 있는데, 그날은 나를 챙겨주는 사람을 만난 것 같았다.

  어느덧 제주 사람들의 속정을 알게 된 걸까. 그렇다면 적극적으로 참견에 나선 화가 할머니는 나보다 여기 오래 사셨음이 분명하다. 제주 사람 마음으로 살고 있으니 말이다.

  '사러가 쇼핑'. 하필 저렇게 촌스러운 상호일까 싶었다. 이젠 그조차 정겹다. 그곳에서 산 것이 정이고, 관심이고, 제주의 문화이기 때문이리라.

어쩌다 카페 귀때기

 몇 년 전 인기리에 방영되었던 〈사랑의 불시착〉이라는 드라마가 있다. 패러글라이딩하던 재벌 상속녀가 갑작스러운 돌풍에 북한으로 넘어가고 말았다. 정찰 중이던 북한 장교를 만나 좌충우돌, 우여곡절 끝에 사랑을 완성하는 로맨틱 코미디이다.
 얼마 전엔 하루에 몇 편씩 연달아 재방을 해서 추워 나가기 싫은 겨울, 며칠 동안 심심치 않게 보낼 수 있었다. 재방을 보는 재미는 같은 책을 두세 번 읽을 때와 비슷하다. 처음엔 줄거리를 좇느라 보이지 않던 복선이나 배경, 암시가 보인다. 그것도 볼 때마다 다른 각도로. 어느 땐 전혀 눈여겨보지 않았던 조연이나 엑스트라가 주인공보다 더 끌릴 때도 있다.
 이번엔 '귀때기'라는 직업이 눈길을 끌었다. 도청하는 사람을 북한 말로는 귀때기라고 한단다. 설명 없이도 금방 이해되는 단어다. 귀를 낮춰 부르는 말이니 귀때기라는 직업도 남의 말이나 엿듣는다 해서 천시당하고 있었다. 염탐한 말을 상부에 보고해야 하는 귀때기는 비밀을 발설해서는 안 되고, 엿듣는 줄 모르고 말한 사람이 곤경에 처해도 아는 체할 수가 없다. 그래서 드라마에서 귀때기 남자는 자책과 회의로 자주 울었다. 세상의 많은 직업 중에서 귀때기도 할 게 아닌 직업이고 스트레스가 엄청난 일이다 싶었다.

귀때기에 관심이 생긴 이유가 있다. 나도 본의 아니게 귀때기 노릇을 할 때가 있기 때문이다. 혼자 다닐 때가 많다 보니 스쳐 가는 사람들이 주고받는 말들이 저절로 귀에 들어온다. 산굼부리에 수학여행 온 여학생들이 쏟아내는 웃음소리는 옥타브가 높아도 청량한 느낌이었다. 오일장에서 두부를 사려고 줄 서 있다 보면 제주 할머니들이 나누는 진짜배기 제주어를 들을 수 있었다. 물리치료실에서 찜질하다가 듣게 된 치료사들의 수다 끝에 얻어걸리는 맛집 정보도 유익했다. 상대가 있어야 대화가 되는 건 아니다. 나도 모르게 대답하려다가 고개만 끄덕이면서 충분히 대화가 오간 기분이었다. 들리는 소리가 재미있으면 자체로도 충분히 힐링이 된다.

길에서 줍는 말은 듣기 싫으면 멀찍이 떨어져 걸으면 그만이지만, 글 쓰려고 카페에 앉아 있을 때 옆자리에서 들리는 소리는 피하기 어려울 때가 많다. 큰 소리로 웃고 떠드는 사람들이 옆에 자리를 잡으면 그날은 망한 날이다. 특히 여자 셋 이상이면 다른 자리로 옮겨도 별 도움이 되지 않는다. 잠시도 '천사가 지나갈 시간'이 없다. 여럿이 이야기를 나누다가 갑자기 대화의 공백이 생길 때 어색한 순간을 천사가 지나간다고 하는데, 그 자리는 천사도 부담스러워 다른 길로 돌아가는 모양이다.

내가 고막 테러라고 하는 그들의 수다가 나 또한 다른 이들과 했던 것이기 때문에 비난의 눈총을 쏠 처지가 아니다. 나의 '우리들'에겐 진지하고 고상하고 철학적이기까지 했던 '썰'이 또 다른 나에겐 소음 공해였단 말이지 싶어 씁쓸해지는 것이다. 옆자리에 앉아 있는 그들도 우리들만큼이나 진지한 얘기를 하는 중이며, 때론 '아무 말 잔치'로 한바탕 웃으면서 스트레스를 날리는 중 아닐까. 그게 견디기 힘들면 카페를 서재로 이용하려는 마음을 접어야 한다.

언젠가부터 옆자리 소리를 자연스럽게 듣는 나를 발견했다. 신산리 카페에서였다. 젊은 여자 둘이 뚫어져라 바다를 보고 있었다.

통창에 쓰여 있는 '돌고래도 놀러 오는 신산리 마을 카페' 문구를 철석같이 믿는 눈치였다.

"여기서 기다리면 돌고래가 나타나나 봐."

돌고래 톤으로 소리 높여 반기더니 이내 인터넷으로 검색했다.

"상괭이가 우리나라 토종 돌고래래. 작은 돌고래네."

"가만히 있어도 웃는 얼굴이야. 짱 귀엽다."

"우리 여기서 돌고래 나올 때까지 기다리자."

맑고 쾌청한 데다 파도도 잔잔한 날. 투명한 에메랄드빛 바다 위로 돌고래가 튀어오르면 아주 멋진 광경일 터. 나도 모르게 손을 멈추고 그들의 시선을 따라 바다 쪽으로 고개를 돌렸다. 고래를 볼 수 있다면 그들 덕분이라며 고맙다는 말이 저절로 나올 것 같았다.

자리는 떨어져 있어도 같은 마음으로 바다를 바라보고 있으니 마치 아는 사이처럼 느껴졌다. 그날 돌고래는 볼 수 없었지만, 내게 달라진 게 있다면 카페 귀때기가 된 순간이었다는 것이다.

그 후론 카페에 가서 운이 좋으면 몇 줄이라도 쓰고 오고, 또 다른 의미로 운이 좋으면 옆자리에 앉은 사람들

사이에 귀만 보내서 대화를 나누곤 한다. 더러는 연령대가 비슷한 사람들과 '우리들의 청춘'을 돌아볼 때도 있고, 내가 겪은 것과 같은 하소연을 듣기도 한다. 자식 또래가 그들의 생각과 계획, 고민을 나눌 땐 말없이 위로와 응원을 보낸다. 여행 온 사람들의 감탄사는 거의 닮았다. 바다가 보이는 창가에 앉아 "역시 제주다워!" 하다가 커피잔이 비어질 때쯤이면 맛집이나 다음 날 갈 만한 장소를 검색하는 순서도 닮았다. 내가 친구들과 여행 왔다면 우리도 그랬을 거다. 투명한 동석인이라서 맛집과 명소를 알려줄 순 없어도 그들이 새로운 장소로 가려고 일어설 때는 속으로 '잘 선택했어요'라고 말한다.

그들은 탁자 맞은편에 또 한 사람이 있었음을 전혀 알지 못한 채 떠나리라. 자신들도 기억 못할 말씨들을 떨구고 간 것도. 그것을 주워 올린 '귀'가 제자리로 돌아가서 자판에 씨앗을 심고 있다는 것도.

카페 귀때기, 해 볼만 한 일이다.

억새밭 풍차

카페 물썹

 '바다의 눈썹'이라는 예쁜 뜻을 가진 카페 '물썹'.

 이름처럼 이마는 바다를 향하고 얼굴은 드넓은 목장에 두고 있다. 한눈에 담을 수 없는 신풍 신천 바다목장 바로 옆에 있는 카페다. 사계절 풍경이 다 아름답지만, 몇 년 전만 해도 겨울에 목장 초지에서 귤피를 널어 말리는 풍경이 진경이었다. 새파란 하늘과 주황색 귤피의 보색은 사람이 만든 색이 따라잡을 수 없는 화려함의 극치였다. 제주에서도 이곳에서만 볼 수 있었다.

 녹슨 철 계단을 오를 때만 해도 별 기대 없이 카페에 들어선 사람들은 통창으로 들어오는 목장과 바다 풍경에 감탄사를 절로 쏟는다. 오는 사람마다 행복해지는 마법의 카페. 그곳을 서재 삼아 몇 시간씩 앉아 있는 나는 혼자 으쓱하다. 카페 몇 군데 방황(?)을 끝내고 물썹에 정착한 지 2년이 넘었다. 별일이 없으면 대부분 물썹에 와서 글을 쓰거나 퇴고를 하면서 시간을 보냈다. A4 용지 반 장밖에 못 쓸 때도 있지만, 멍 때리거나 목장길을 산책하는 것으로도 좋았다. 시간이 흐르면서 이곳에 오면 막힌 문장이 풀리기도 했다. 주인하고는 처음보다 더 가까워지진 않았다. 단아하고 조용한 중년의 여인은 늘 깍듯해서 허물없이 대하기 어려운 분위기지만, 그래서 더 편하기도 하다.

지정석이 된 구석 자리에 앉아서 '어쩌다 카페 귀때기'에서 업그레이드되어 본격적으로 귀때기 작업을 펼친다.

세 여인 _ 여행객

겨울엔 목장에서 이따금 보이던 소 떼가 봄이 되자 자주 보인다. 목장이 내려다보이는 창가는 물썹 카페에 오는 손님들이 선호하는 자리다. 어젠 옆자리에서 열세 마리네 열네 마리네 하며 세는 걸 봤는데, 오늘 내가 세어보니 열다섯 마리다. 그들 말대로 끝없이 펼쳐진 초지에 스무 마리도 안 되는 소들이 풀을 뜯고 있으니 소들의 지상낙원이다. 소를 세던 사람들이 궁금해하는 건 저녁이 되면 누가 소를 데려가냐는 것이다. 소가 알아서 축사로 간다고 말해주고 싶어도 모른 체할 수밖에. 달갑지 않은 불청객이 될 순 없으니까.

  나도 그걸 알기까지 꽤 시간이 걸렸다. 물썸에 자주 갔고 목장 길도 많이 걸어서 알아낸 경험 지식인데, 잠깐 지나치는 여행객이 단번에 알아내면 재미없는 일이지. 그래도 지난주에 옆자리에서 비 맞는 소를 보면서 끌탕하던 여인에게 말해주지 못한 건 아쉽다.

  중년을 넘긴 여인 셋이 옆자리에 앉았는데, 그중 언니라고 불리는 여인이 빗속에서 풀을 뜯는 소를 보자 걱정부터 쏟아냈다.

  "소 주인은 뭐 하는 거야? 얼른 데려가지 않고."

  '가랑비 좀 맞는다고 어떻게 되지 않아요. 소들도 빗발이 굵어지면 알아서 돌아가요.'

  '돌아가요' 내 혼잣말 마친 타이밍에 같이 온 여자가 말했다.

  "언니는 그게 병이야."

  "나도 강아지를 키우기 전에는 동물에 관심 없었어. 근데 이젠 개미는커녕 모기도 죽이기 어렵더라. 생명이란 생각에."

  "하여튼 언니는 그게 병이야."

"길고양이만 해도 그래. 보고 그냥 지나치면 자려고 누워서도 자꾸 생각나. 그래서 오던 길을 돌아가서 소시지나 참치 캔 같은 걸 사다가 놔주고 와야 마음이 편해."

"어휴, 언니도 참 못 말리는 병이야."

여자들이 각자 말하는 것처럼 들렸다. '소 걱정' 여인은 모기도 못 죽이겠다는데, 동생뻘인 여인은 말끝마다 그런 언니가 병이란다. 그러면서 자신이 다니는 성당에 길고양이에게 사료를 주는 모녀가 있는데 성당 사람들 모두가 못마땅해한다고 했다. 진작부터 그들 옆에 가 있던 내 귀가 바짝 더 거리를 좁혔다. '왕 재수!' 고양이와 사는 나에게 그 말은 망발이었다. 캣맘 모녀 뒤에서 비난한다는 사람들이 정말 '모두'가 맞는지 묻고 싶었고, 설령 '대부분'이 그렇다 해도 일부는 캣맘을 이해하거나 캣맘도 있다고 말해주고 싶었다.

그 말이 언니 들으라고 한 말인 줄을 아는지 모르는지 소 걱정 여인의 다음 말이 이어졌다. 아는 동생이 최근 겪은 이야기라 했다.

남편 없이 아들 하나만 키우면서 식당을 하는 여인에게 믿고 싶지 않은 일이 벌어졌다. 아들이 여자 친구를 때려서 구속되었다는 것이다. 여자 친구가 문어발 교제를 하면서 여러 남자에게 명품 선물을 받는 것을 알게 되어 다투다 여자의 코뼈를 부러트렸다. 엄마는 여자 쪽에서 요구한 합의금으로 장사 밑천까지 털어 준 후 빈털터리가 되었다. 소 걱정 여인은 아들 걱정에 칼질하다 손을 다친 엄마를 외면할 수가 없어서 돈을 빌려주었다.

거기까지 듣자, 다음 말은 누가 할지 짐작하고도 남았다. 내가 속으로 '언니는 그게 병이야'를 카운트다운하는 동시에 '병이야' 여인이 말했다.

"언니는 그게 병이야. 못 받으려면 어쩌려고."

다른 한 사람도 병이야 여인과 같은 말을 했다.

"보나 마나 쉽게 받긴 어렵겠다. 언니는 사람을 너무 믿어서 탈이야. 잘 아는 사이이긴 해?"

"못 받으려니 하고 줬어. 동생이 목돈으로 못 갚아도 매달 일해서 갚는다고 했어. 삼십년지기를 어떻게 모른 척해."

잠시 대화가 끊겼다. 그 사이 천사가 지나간 듯한데, 천사의 눈에도 내 눈에도 '병이야'와 '탈이야'는 '소 걱정'을 한심하게 보는 표정이었다. 그러나 '소 걱정'은 그때까지도 소를 걱정하고 있었던 모양이다.

"얘기에 빠져서 몰랐는데 그새 다 축사로 갔네. 언제

주인이 왔지?"

눈빛이 소의 눈이었다. 풀 뜯는 소처럼 평온하고 맑은 눈. 옆의 두 여인은 도무지 이해할 수 없는 그런 눈.

나는 심정적으로 소 걱정 여인과 편을 먹고 두 사람에게 반박하고 싶었다. 언니가 병이라면, 두 사람은 건강하냐고 묻고 싶은 말이 불쑥 튀어나올 것만 같았다. 동물이나 사람을 연민하는 마음의 정도는 사람마다 다르고, 돕고자 하는 마음 또한 크기가 다르다는 건 안다. 하지만 셋의 대화는 귀에 거슬릴 정도로 불협화음이었다. 소 걱정 여인은 공감한다는 말을 한 번이라도 들을 수 있을까. 그들은 무슨 재미로 함께 여행하는 걸까.

답답한 마음에 창 너머로 눈을 돌렸다. 그들도 목장을 보고 있었다. 초록으로 가득한 초지를 보다가 문득 든 생각. 같은 풀빛이 아니겠구나. 한 사람에겐 초록으로 보이겠지만 두 사람에겐 한겨울의 마른풀인 채가 아닐까 싶은.

두 남자 _ 제주 사람과 육지 손님

옆자리에 60대로 보이는 남자 둘이 앉았다. 비자림 근처에 산다는 제주 남자와 육지에서 온 손님, 가까운 사이는 아닌 듯했다. 주로 제주 남자가 말하고 손님은 거들며 듣는 분위기였다. 처음엔 흘려듣던 내가 어느 순간 제주 남자의 말을 받아 적고 있었다. 제주에 대한 자부심이 대단하고 해박한 지식으로 제주의 역사며 지형적 특성을 진지하게 설명했다. 귀동냥으로 인문학 강의를 듣는 기분이랄까.

그는 젊어서 고향을 떠나 도시에 살면서 다른 나라도 많이 가 봤지만 나이 들어 돌아와 보니 제주만큼 좋은 곳이 없더라고 했다.

"여기서는 차만 타면 한 시간 내에 바다, 산(오름), 초지, 폭포 등 모든 풍경을 다 볼 수 있어요. 외국에선 유명한 장소를 찾아가려면 몇 시간을 달려야 하죠. 하루에 겨우 한 곳 보자고 운전하다 보면 제주 생각이 절로 났어요. 내 고향 풍경도 이 못지않은데, 굳이 멀리 와서 뭔 고생인가 하고요."

"저도 용눈이오름, 다랑쉬오름을 올랐다가 성산일출봉 쪽으로 가는 데 30분도 안 걸리더군요."

"가장 아름다운 오름에 다녀오셨네요. 그 부근은 오름의 종합선물 세트 같은 곳이죠. 특히 용눈이의 분화구는 원추형과 말굽형 등 분화구의 형태를 고루 보여주지요.

제가 어렸을 때는 오름에 소를 풀어놓고 풀밭에서 놀거나 쇠꼴을 베러 가기도 했어요. 제주 사람들은 오름에서 태어나 죽어서 오름으로 간다고 말할 정도로 오름을 떼어놓고 말할 수 없었지요."

"제주도가 아름답고 이국적이니까 여행객이 많이 찾는 거겠지요."

"고려 때 제주는 100년 동안 몽골의 직할지였어요. 몽골 병사들이 제 나라에 돌아가고 싶지 않다고 했답니다. 병사들 눈에도 경관 좋고, 몽골보다 따뜻하고 살기 좋은 곳이니 가고 싶지 않았을 거예요.

제주는 수탈의 역사가 깊어요. 조선시대에는 200년 동안 출육금지법이 있어서 제주 여자들은 섬을 벗어날 수 없었어요. 어부들은 테우라는 원시적인 통나무배로 인근 바다에서만 고기를 잡았고, 해녀들은 전복을 진상하기 위해 한겨울에도 바닷속에 뛰어들어야 했고요. 진상할 양을 감당하기 힘들어서 육지로 도망가는 이들이 생기자, 여자들을 묶어둔 거지요. 남자들이 가족 때문에 나갈 생각을 못 하도록."

"유배인뿐만 아니라 토박이도 꼼짝없이 갇혀 나갈 수 없는 섬이었군요. 지금은 다들 오고 싶어 하는데."

"화산 지대라 농사가 되지 않아 먹고살기 힘들고 고립된 섬이었지만, 대신 자연환경은 잘 보존되었어요. 제주도가 발전하게 된 것은 1970년대 관광지 개발과 감귤나무 재배가 일반화된 이후예요. 저도 대학 나무 덕분에 서울에서 공부한 사람입니다."

"제주, 하면 바다부터 떠오르는데, 중산간의 탁 트인 들판도 볼 만하던데요."

"누가 그러더군요. 초원을 달리는 말을 보면 섬에서 대륙의 기상을 본다고요."

그는 제주에 처음 골프장이 생길 때는 오름 하나 뭉개서 흙을 퍼가는 일이 다반사였다면서 골프장 때문에 곶자왈이 훼손되는 것을 안타까워했다. 그래서 자신은 골프를 치지 않는다는 말에, 육지 손님이 고개를 끄덕였다. 나도 덩달아 고개를 끄덕이고 있었다.

고향에 대한 자부심이 가득한 그의 말을 듣는 내내 육지 손님도 나도 경청하는 분위기. 생각해 보면 그 남자뿐만 아니라 제주가 고향인 것을 자랑스러워하는 사람들을 여럿 보았다. 토박이로 사는 사람도, 고향을 떠나 사는 사람도. 그 남자처럼 환경운동가가 되어 지킴이 노릇을 하기도 하고, 작가는 그림이나 조각으로 표현하기도 한다. 고향을 향한 애정이기도 하고, 자기 뿌리에 대한 자긍심이기도 하리라.

부러우면 진다는 말은 이럴 때 참 부끄러운 말이다. 부러워하는 마음은 내게 없는 '그 무엇'을 찾고 채우려는 마음 아닐까. 그의 말을 들으면서 내게도 남이 부러워할 만큼 가치 있는 무엇이 있을까 곰곰이 생각해 보았다. 당장 떠오르지는 않지만 시간을 두고 생각해 볼 일이다.

귀동냥 강의로 숙제 하나 품고 돌아오는 길, 바다도 오름도 새롭게 보였다.

단체 손님 _ 교인들

단체 손님이 몰려오면 나도 그들과 합석한 것과 다름없다. 그중 불편한 자리는 교인들이 왔을 때다. 자리를 잡자마자 기도부터 시작하는 여인들. 다른 사람들도 눈 감고 손 모으길 은근히 종용하듯 큰 목소리로 감사를 열거하고, 안녕과 무사를 부탁한다. 힘한 말로 다투거나 남을 비방하는 말을 하는 사람들이 옆에 앉으면 다른 자리로 피하지만, 기도는 선한 내용이어서 거부감은 들지 않는다. 그냥 지루할 뿐이다.

그날도 테이블 두 개를 붙여서 자리를 만든 교인들이 기도를 마치고 이야기를 나누기 시작했다. 목사의 설교에 관한 내용이었다. 빨리 다른 자리로 갈 걸, 기도보다 더 지루한 설교를 듣게 생겼다.

"목사님이 타지에서 이주한 사람들에게 늘 하시는 말씀이, '와리지 맙서'예요."

'엉? 목사가 그런 비속어를? 그것도 항상 하는 말이라고?'

내 귀에는 학교 다닐 때 일진들이 쓰던 '야리지 마라'는 말로 들렸다. '꼬나 보지 말라'는 뜻으로 시비를 걸거나 덤빌 생각 말라고 위협할 때 하는 소리였다. 뒷골목을 연상시키는 말이니 놀랄 수밖에.

어느 교회 목사인지 타지 사람들에게 배타적이다 못해 강압적이란 생각부터 들었다. 과거에 조폭 출신이었나? 회개와 깨달음으로 거듭난 제2의 인생이 목회 일인데 과거의 버릇이 남아서…. 나는 어느새 팔뚝에 문신이 그려진 깍두기 머리의 목사를 상상하고 있었다. 지루하기는커녕 '야리지 마라'는 말에 꽂혀서 귀가 한껏 열린 상태. 그러니 그 말을 자주 한다는 목사가 조폭 출신인가 싶은 건 합리적 의심일 수도. 상상은 더 커져서 그런 목사를 받드는 신도들로 보아 사이비 종교가 아닐까 하는 데까지 뻗쳤다.

"목사님 말씀이 옳아요. 좋은 말씀이지요."

"그럼요, 타지 사람들이 적응 못할까 봐 걱정하시는 분이잖아요."

'거 봐. 내 생각이 맞잖아. 단단히 세뇌되었군.'

그릇된 믿음으로 집안에 불화를 일으킨 사례들이 줄지어 떠오르자, 신도들이 점점 걱정스러웠다.

이어지는 그들의 대화.

"육지에서 온 사람들은 조급한 경향이 있어요. 뭐든 빨리 판단하려 들고 육지의 방식대로 보려고 하지요."

"그러니까 '와리지 맙서'라고 하시는 거죠. 서둘지 말라. 바꾸려고 하지 말고 제주 정서부터 익혀라, 그 말씀이지요."

아, '서둘지 마세요'라는 뜻이란다. '야리지 마라'와는 전혀 다른 뜻이었던 거다. 그 말에 목사의 팔뚝에 그려진 문신을 지우고 마동석을 연상했던 몸집도 체중 감량, 호리호리하고 준수한 인물로 수정하느라 머릿속이 바빠졌다.

제주어를 멋대로 해석한 탓이다. 발음이 비슷해서 같

은 뜻으로 오해한 제주어 때문에 빚어진 에피소드 몇 가지가 생각난다.

서울에서 시집온 며느리에게 시어머니가 "우리 며느리는 요망지다."고 한 말에, "저 그런 사람 아니에요. 요망스럽다니요." 하고 울었다는 일화. '야무지다'는 뜻이란 걸 어찌 알았겠는가.

점잖은 교수도 제주어를 잘못 해석해서 착각한 이야기도 있다. 1970년대 말 제주 출신 가수 혜은이가 부른 '감수광'이 일으킨 파장. '혼저 옵서예(어서 오세요)'를 혼자 오라는 말로 듣고는 제주 여자들이 그렇게 대담한 줄 몰랐다고, 대놓고 유혹한다고 생각한 교수님, 혼자 왔는데 마중 나온 여자는 하나도 없더라고.

'수고 많았다'는 뜻의 '폭삭 망햇수다'야말로 설명하지 않으면 큰 싸움 날 말이다.

제주어를 익히고, 제주 사람들의 정서를 이해하고 문화를 배워야 제주에 스며들 수 있다는 목사의 조언은 내게도 해당하는 말 아닌가. 얼굴도 모르는 목사의 설교를 카페에서 듣게 될 줄이야.

'와리지 맙서'. 자꾸 입안에서 맴도는 말, 세상에는 서둘러서 좋은 일보다 서둘지 말아야 할 일들이 더 많은 것을.

카페 물썹

2부

어린 귤나무와 시인

 난산 사는 김 시인이 전화를 하셨다. 내일부터 며칠 동안 눈이 온다니 얼른 와서 귤을 따가란다. 흐린 날씨에 바람까지 강해서 나가기 싫은 날이었다. 더구나 따가라는 귤은 노지 귤도 아닌 하귤. 3, 4월에나 익는 하귤은 겨울엔 풋귤 상태라 먹을 수도 없다.

 시월에 조생 귤을 시작으로 새로운 품종의 귤이 연이어 선보일 때, 이름처럼 '여름 귤'인 하귤은 겨우내 나무에 매달려 있다. 제주도 여행 온 사람들이 감탄하는 풍경 중 하나가 한겨울 도로변에 서 있는 하귤나무 가로수다. 자몽만큼 커다란 귤이 주렁주렁 달린 키 작은 나무가 줄지어 있는 풍경은 신기하고 이국적이다. 마치 샛노란 전구를 매단 크리스마스 장식처럼.

 보기엔 탐스러워도 신맛이 강해 찾는 사람이 많지 않아서 파는 것은 보지 못했다. 예전에는 여름에 갈증 날 때 따 먹으려고 마당에 한 그루씩 심었다지만 지금은 대부분 관상용이다. 그나마도 점점 집 밖으로 밀려났다. 가로수로 서 있는 모습이 화려한 노숙자라고나 할까.

지금 따면 하귤청을 담는 것밖엔 없는데 지난여름 풋귤로 담근 청귤청이 많아서 또 담가야 할지 망설여진다. 그런데도 선생님은 내가 하귤로 무엇이든 할 거로 생각하시는 모양이다. 제주살이를 시작한 첫해부터 무차, 비트차를 시작으로 귤로 잼을 만들고 건조기로 귤칩을 만들면서 겨울을 심심치 않게 보냈다고 한 얘기를 기억하시나 보다.

댁에 도착하니 빨간색 방한모에 빨간 목도리를 두른 선생님이 커다란 바구니를 들고 나오셨다. 지목한 나무는 올해 첫 열매를 맺은 하귤나무. 익기도 전에 따는 이유는 나무가 너무 어려서 열매를 달고 겨울을 나는 게 안쓰럽기 때문이란다.

"나이로 치면 10대 소녀야. 스물다섯 개나 되는 열매가 달렸으니 나무가 얼마나 고되겠어. 미리 따주고 겨울 동안 푹 쉬게 해줘야 내년에 건강한 꽃이 피지."

모든 사물에 인격을 부여하는 선생님의 말씨에 익숙해진 지 오래. 자주 가는 식당 주인이 자동차 수리를 맡겼다고 했을 때도 그러셨다.

"그럴 만도 하지. 걔도 신경질 났을 거 아냐? 남편, 아내, 아들이 다 타잖아. 누구는 브레이크 콱콱 밟고, 누구는 속도를 내고. 어느 장단에 맞추겠냐고. 주인이 하나라야 적응을 하지."

졸지에 자동차를 혹사한 주범이 된 부부마저 웃게 만드는 화법. 자동차가 알아듣는다면 제 심정 대변해 줘서 감사하다고 절이라도 하지 싶다.

선생님이 바구니를 가지고 나온 이유가 있었다. 첫 열매를 맺은 수고를 한껏 칭찬해 줘야 하기 때문이란다.

"대견하구나. 이렇게나 많이 열렸는데 바구니가 작아서 미안하다."

바구니가 커서 남을 정도인데도 작아서 미안하다니? 이해 못 하는 내 표정을 보고선 목소리를 낮춰 설명하신다.

"나무의 자존심을 살려줘야지. 나무도 다 알아듣는다니까."

나도 엉겁결에 칭찬에 아부까지 섞어가며 귤나무를 추켜줄 수밖에 없었다.

"첫 열매가 엄청 탐스럽네. 어디서도 이렇게 예쁜 하귤은 본 적이 없어. 하나같이 잘 자랐네."

처음엔 쑥스러웠는데 거듭할수록 빈말이 아니었다. 내 키보다 작은 나무가 보란 듯이 잘생긴 귤을 가지 휘어지도록 달고 있으니 신통했다. 말하다 보니 나무가 수줍어하면서도 으쓱해하는 마음이 전해졌다.

'나 잘했죠?'

칭찬이 고래만 춤추게 하겠는가.

귤 따기가 10분이나 걸렸을까. 가방에 옮겨 담자, 선생님은 갈 곳이 있다며 바로 돌려보내셨다. 동네에서 떨어진 집에 사는 개 네 마리에게 밥을 주러 가셔야 한다나?

"우리 집 개들은 내가 잘 챙겨주지만 그 집 개들은 추운데 퍽퍽한 사료만 먹는 것 같아서 따뜻한 밥 좀 갖다 먹이려고."

동네 개는 산타 할머니에게 밥을 얻어먹겠지만, 순위가 밀린 나는 차 한 잔 얻어먹지 못하고 나왔다.

하늘이 점점 어두워지면서 희끗희끗 눈발이 날리고 있었다. 선생님이 나를 부른 이유를 알겠다. 나무 한 그루에서 귤을 따는 건 그분에겐 일도 아닐 터. 나보고 직접 따면서 나무와 교감해 보라는 뜻이었다. 사물을 의인화

하는 것도 선생님의 특이한 말투가 아니라 사물을 대하는 진심과 연민을 담은 마음이리라.

오후부터 내린 눈이 다음 날도 종일 내렸다. 교통 통제 안내 문자가 수시로 오고, 나는 사흘째 집 안에 갇혀 창밖에 쌓인 눈 풍경만 보고 있다. 창가 책상엔 채반 가득 쌓아놓은 하귤이 노랗게 빛난다. 귤이 놓인 공간이 한결 포근하고 아늑하다. 30cm는 족히 쌓인 눈을 보면서 무거운 열매를 내려놓은 하귤나무를 생각한다. 그대로 두었으면 가지 몇 개쯤 찢어졌을지도 모른다. 저 열매를 키운 나무의 지난 계절을 더듬어 본다.

귤꽃이 필 즈음, 꽤 여러 날 비가 와서 꽃이 많이 떨어졌다. 비가 오면 벌과 나비가 오지 못할 텐데 제때 수정이 되려는지. 이번 해엔 귤이 잘되지 않을까 봐 걱정하는 사람들 뒤에서 나무는 저 혼자 애를 태웠을 것이다. 황금향, 레드향, 천혜향, 한라봉… 귀한 대접을 받는 귤들에 관심이 쏟아질 때, 맛이 그만 못해서 관심 밖인 하귤, 빗줄기에 떨어지는 꽃송이를 하나라도 부여잡으려 혼자 아등바등했을 테지. 사나운 바람에 겨우 맺힌 열매가 떨어질세라 노심초사하고, 늘어진 가지가 땅에 닿으면 열매가 상할세라 안간힘을 다했으리라. 열매에 과즙을 채우려 부지런히 수분을 날랐을 뿌리와 가지. 그렇게 키워낸 자식들이 내 앞에 놓여 있다. 어느새 나무에 모성애를 느끼는 나.

한 번도 본 적 없는 사람에게 제 자식을 보낸 나무는 내가 미더웠을까. 시인의 마당에서 아침저녁 사람 대하듯 건네는 인사와 격려를 받으면서 자랐을 나무. 만일 가로수로 도로변에 심어졌다면 척박하고 거친 환경에서 살아내느라 저만큼 건강한 열매를 맺진 못했으리라. 사랑 많이 받은 아이처럼 명랑하고 밝은 빛을 내는 하귤을 보고 또 본다. 지금쯤 근심 없이 편히 쉬고 있을 나무의 단잠이 그려진다.

이 또한 인연일까. 알아듣지도 못할 나무에 처음 말을 건넸을 때는 아이들 유희 같은 기분이었다. 그런데 수고했다고 한 순간부터 나무와 마음이 통한 것 같았다. 산모의 출산을 지켜본 한 사람이 된 듯이. 그러니 스물다섯 개의 열매는 한 알도 허투로 다루면 안 되었다. 내게 책임이 생기고 말았다.

벼도 주인의 발소리를 듣고 자란다는데 하귤의 과육을 채운 양분은 시인의 시구일 터. 한 알 한 알 정답고 따뜻한 시 한 편씩 품었으리라.

그 시를 찾아 읽을 줄 아는 사람을 찾아 전달하는 것은 내 몫의 숙제. 즐거운 숙제를 앞두고 다시 하귤을 본다.

잘 왔다, 애썼다.

겨울이 익어가고 있다.

홍랑의 언덕에서

 홍랑을 만나러 가는 날, 비가 내렸다.
 '여름 추석'이라는 말이 나올 정도로 9월이 되어도 불볕더위가 계속되었는데, 그날은 아침부터 먹구름이 하늘을 가리더니 빗방울이 떨어지기 시작했다. 애월읍에 가까워질수록 빗줄기가 굵어지더니 폭우로 변했다. 홍랑이 가슴속에 쌓인 게 많아 눈물부터 쏟는 걸까. 왠지 빗길이 아니라 눈물길이라는 생각이 들었다. 온통 홍랑의 생애에 빠져서였을까.
 애월읍 유수암리 342-5. 홍윤애의 주소다. 240여 년 전 죽은 여인의 유택 주소. 언덕에 있는 무덤 두 기가 잡풀이 웃자란 채로 나를 맞이한다. 오른쪽은 조카, 왼쪽은 홍랑의 무덤이다. 돌비석에 새긴 '홍의녀지묘洪義女之墓'를 한 자씩 쓰다듬는데, 단아한 여인이 언제부터인가 옆에서 지켜보고 있다.

"육지 사람이 이 먼 곳까지 어찌 오셨소?"

눈이 마주치자 입가에 번진 엷은 미소로 반기는 여인은 홍윤애.

"제주에 와서야 당신의 존재를 알았어요. 사랑을 위해 목숨 던지는 이야기는 많아도 홍랑과 조정철 목사牧使*의 실화는 너무도 극적이어서, 꼭 한 번 와보고 싶었어요."

"아녀자가 지아비를 위해서라면 어찌 제 목숨을 아끼겠소?"

"누구나 그럴 수 있는 건 아니지요. 꽃다운 나이 스물일곱에 간 것도 안타깝지만, 백일도 안 된 딸아이를 두고 죽음을 선택했을 때 얼마나 힘들었어요?"

그 말에 홍랑의 얼굴이 어두워진다. 위기에 몰린 연인을 구하려면 자신이 죽는 길밖에 없음을 의연하게 받아들였을 홍랑도, 갓난아기를 들여다보면서 가슴이 갈가리 찢겼으리라. 그도 자식 앞에서는 한없이 작아지는 어미임에. 내가 딸 이야기를 먼저 꺼낸 이유도 그가 한 남자의 연인보다 아이 엄마였다는 사실이 더 크게 다가왔기 때문이다.

"언니가 잘 키워줄 거라 믿었으니까… 그분이 살아야 아이에게 아비라도 있을 테니…."

겨우 대답하며 고개를 떨구는 모습을 보자 아차, 싶다. 상처를 헤집으러 온 게 아닌데 왜 그 말부터 꺼냈는지. 분위기를 수습하려 얼른 말을 바꾼다.

"그러니 더 애절하지요. 그토록 연모한 조 목사는 어떤 분이었어요?"

"처음 돌담 너머로 보았을 때 그분은 유배 온 처지였소. 명문가에서 태어나 스물다섯에 대과에 급제하여 탄탄대로만 갈 줄 알았던 양반이었다오. 처가에서 정조 즉위 일 년에 암살을 시도한 역모죄를 저질러서 화가 그 집안까지 미쳤다 하오. 집안은 풍비박산되고 그분도 사형당할 지경이었는데, 겨우 목숨을 건져 이곳 원악도**로 유배 온 거요.

스물일곱에 유배 보내온 것도 기막힌 일인데, 부인마저 자결했다는 소식을 듣고는 적소에 칩거하며 나오질 않았다오. 몇 년 새 점점 초췌해지고 입성은 형편없는 데다 끼니는 제대로 잇는지 마음이 자꾸 가더이다. 내가 자청해서 수발을 들겠다고 나섰지요."

"집안의 지원은 끊기고 낯설고 험한 땅에서 언제 사약이 내려올지도 모르니 조 목사도 무척 외롭고 불안했겠어요. 당신이 의복, 식사뿐 아니라 지필묵을 장만해 주려

홍랑의 언덕에서 167

고 혼숫감을 팔았다는 이야길 들었어요."

"부끄럽게 그 애길…. 시 짓기를 좋아하는 분이 종이가 없어서 손가락에 물을 묻혀 벽에 시를 쓰는데 누군들 그리 하지 않겠소?"

"육신과 정신의 양식을 다 책임지는 낭자를 만났으니, 조 목사도 목석이 아닌 다음에야 사랑에 빠지는 게 정한 순서였네요."

존경심과 연민으로 시작해서 사랑으로 커간 감정은 저녁 하늘에 번지는 노을처럼, 호수에 떨어진 빗방울이 그린 동심원처럼, 계절이 바뀌는 어떤 순간처럼 자연스럽게 이루어졌으리라. 회상하는 그의 얼굴에 홍조가 피어난다. 가장 아름답던 시절을 아련히 더듬는 눈빛이 그윽하고 깊다. 서서히 눈빛 흐려지는가 싶더니 기어코 눈물이 맺히고 만다.

"행복했던 시절은 겨우 3년이나 됐을까요? 정적政敵인 김시구가 제주목사로 부임한 것은 세상에 없던 폭풍이었소. 죄인인 그분에게도 아기를 낳은 내게도 재앙이었다오. 대대로 원수지간이었던 그분을 제거하려고 그는 온갖 수단을 가리지 않았으니까요."

"김시구가 조정철이 귀양 보낸 임금을 저주하고 다른

유배인들과 접촉한다는 죄명을 만들려고 혈안이었다면서요? 조 목사의 집을 감시하다 못해 자신이 직접 변장하고 와서 살폈다는 말을 듣고 덫을 단단히 놓았구나 싶었어요. 제주목사로 온 것이 오직 조정철 한 사람을 파멸시키는 게 목적인 것처럼. 그래서 끝내 당신도 고문을 당하게 된 거군요."

"적소에 드나드는 것도 죄지만, 그분을 문초하면서 죽을 지경까지 곤장을 쳐서 관아 밖으로 내쳤는데, 내가 모시고 와서 살린 게 더 큰 괘씸죄가 되었소. 죽었다는 전갈 대신 아직도 살아 있다는 말을 들었으니 당장 나를 잡아들이라 한 거요."

"다른 죄인들보다 훨씬 가혹하게 매질했다 들었는데, 어떻게 견뎠어요?"

"아이가 있다는 증거를 잡으려고 저고리를 벗기는 수모까지 당했지만 잡혀갈 때 이미 살아서 나올 수 없다는 걸 알았으니까 당당히 버틸 수 있었소. 아이도 숨겼으니 두려울 게 없었소. 결국 내 입에서 원하는 답이 나오지 않자, 관아 대들보에 꿩처럼 매달라는 명까지 내리더이다."

"죽는 순간에 무슨 생각을…."

"그분만 무사하길 바랄 뿐."

"아, 나서지도 못하고 장례조차 치러주지 못한 조 목사의 심정이 어땠을지."

"이승에 임을 두고 가는 길이지만 곁에 있는 듯 그분의 눈길, 숨결을 왜 못 느꼈겠소. 차라리 다 내려놓자 평온하더이다."

믿음을 지키는 게 어렵지 오히려 사랑하는 건 어렵지 않다. 그들의 사랑과 믿음은 죽음도 갈라놓지 못했다.

이야기는 홍랑의 죽음으로 끝이 아니라 이제부터 시작이다. 제주라는 지역적 특성 때문에 선처분, 후보고라는 특별법이 있어도 김시구의 문초는 살인 행위였다. 곧 조정에 알려지고 그는 유배지에서 사약을 받게 된다.

권선징악 또한 이 이야기의 결말은 아니다. 조정철의 유배 생활은 그 후도 계속되어 29년 만에야 끝났다. 그 중 대부분 고립의 섬 제주에서 보냈다. 귀양 초기에는 홍랑을 만나 짧으나마 사는 재미를 느꼈지만, 남은 기간은 버려지고 잊힌 사람이었다. 짚신을 삼고 댕댕이로 모자를 짜서 먹을 것을 구해 연명했다. 뿐더러 책을 읽지 못하게 하고 글도 쓰지 못 하게 하였다니 그 핍박을 어떻게 견뎌냈을지. 오로지 홍랑과의 추억을 되새김질하며 버텨낸 세월이 아니었을까.

내가 조정철의 귀양 시절을 생각하고 있을 때 홍랑이 혼잣말을 뱉었다.

"누가 있어 상을 차려 드리고, 의복을 지어 드렸을지. 저승에 먼저 간 것은 억울하지 않으나 돌보지 못한 세월이 한이구려…."

홍랑과 나는 서로 다른 생각에 빠져 하염없이 빗줄기만 바라보았다. 나는 비에 젖은 홍랑의 어깨가 들썩이는 것을 보고 다독거리려다 손을 내려놓고 속으로 말했다.

'홍랑, 걱정하지 말아요. 당신이 믿는 그분은 나약하지 않아요. 아마도 꽃다운 목숨으로 지켜낸 조 목사의 생에 당신 몫도 있다고 생각했을 거예요. 모진 유배 생활을 마치고 결국 조정으로 복귀한 것을 보면 어떻게든 살아남겠다고 마음먹었을 거예요.'

청청하던 헌헌장부 조정철은 초로가 되어서야 사면되었고 비로소 관운이 따르기 시작했다. 얼마 후, 그는 제주목사가 되어 유배당했던 제주도를 다시 찾았다. 그가 가장 먼저 한 일은 홍윤애의 무덤을 찾는 일이었다. 30

년 동안 한시도 잊지 않았던 연인이고 은인인 여인을 찾은 것이다. 사대부의 나라에서 조정철이 한 행동은 지금으로 치면 연일 검색어 1위 감이었다. 연인의 묘를 정비하고 비석을 세워 홍윤애를 의녀로 내세운 것이다.

> 구슬과 향기 땅에 묻혀 오래된 지 몇 해던가
> 그동안 누가 그대의 원통함 저 하늘에 호소했나
> 머나먼 황천길 누굴 의지해 돌아갔을까
> 푸른 피 깊이 묻혀버린 죽음은 나와의 인연 때문
> 영원히 아름다운 그 이름 형두꽃 향기처럼 맵고
> 한 집안의 높은 절개는 아우와 언니 모두 뛰어났어라
> 가지런히 두 열녀문 지금은 세우기 어려워
> 무덤 앞에 푸른 풀 해마다 되살아나게 하려네
>
> - 제주목사 겸 전라도방어사 조정철 쓰다
> (오문복 의역)

한 편의 시가 지니는 의미가 이토록 웅숭깊을 수 있을까. 두 사람의 사랑 이야기는 이 시로 완성되었다. 조정철은 홍윤애의 지아비로서 도리를 다했고, 30년 만에 만난 딸에게도 아비 노릇을 다했다.

내가 나지막이 그 시를 읽자 늘어뜨렸던 어깨를 털고 돌아보며 홍랑이 웃는다.

"그러고 보면 내가 참 복 많은 여자이지 않소. 조씨 문중에서 나를 정실부인으로 올렸고, 지아비가 쓴 시가 200여 년이 지나도록 잊히지 않고 이렇게 찾아주는 발길이 있으니 말이오."

말하는 얼굴에 기쁜 기색이 보이고 목소리도 밝아졌다. 홍랑이 내게 묻는다.

"지금 무슨 생각을 하고 있소?"

"판소리 〈춘향가〉도 미치지 못할 이 절절한 러브스토리가 왜 세상에 널리 알려지지 않았나, 하는 생각이오."

"당찮은 소리 하지 마시오. 내 입장이 되면 다들 그리할 거요. 나는 그저 소중한 사람을 지키고 싶었던 필부일 뿐이라오."

홍윤애를 의녀라고 칭하는 이유를 알 것 같았다. 의인들은 한결같이 할 일을 했을 뿐, 누구라도 그럴 거라 하듯.

이제 돌아가야 할 시간. 빗줄기가 주렴처럼 이어지는 하늘을 올려보다 아침에 눈물길이라고 생각했던 것을 슬며시 거두었다. 홍랑이 나를 만나러 온 하늘길이었다고.

홍랑 묘

홍랑의 산담***을 돌아 나올 즈음, 빗줄기가 가늘어지기 시작했다.

*목사: 지방의 각 목을 다스리던 정삼품의 외직 문관으로 지방 관아의 으뜸 벼슬. 조정철이 유배가 풀린 후 제주 목사로 부임했기 때문에 후대 사람들은 그 관직으로 불렀다. 그는 제주에서 일 년 정도 목사 일을 하면서 유배 생활에서 느낀 것을 바탕으로 선정善政했다.

**원악도: 서울에서 멀리 떨어져 있고, 살기 어려운 섬. 유배지인 제주도가 대표적인 원악도였다.

**산담: 제주에서는 무덤에 말이나 소가 들어가지 못하게 돌담을 쌓았다.

신성한 나무

초겨울 제주도로 이사 왔을 때 동백나무가 색다른 풍경이었다. 잘 가꾼 정원에서 좋은 자리를 차지하고 있어야 할 동백나무가 집 울타리를 두르고, 도로변에 가로수로 서 있었다. 동백꽃을 보려고 미리 여행 일정을 잡고 오동도로 보길도로 먼 길을 달려갔던 게 무색할 정도였다.

짐을 풀자마자 위미리 애기동백나무 숲을 찾아갔다. 동백나무가 숲을 이루고, 산책로에 떨어진 꽃송이는 나무 발치에 붉은 카펫을 깔았다. 꽃봉오리, 핀 꽃, 떨어진 꽃으로 현기증이 날 꽃 사태. 동백꽃은 시들지 않은 채 툭 떨어져 비장미를 느끼게 한다. 차마 꽃을 밟기가 조심스러워서 피해 가려 해도 어쩔 수 없이 꽃길을 걸을 수밖에. 그렇게 제주살이를 꽃길로 시작했다.

꽃에 취하고 애기동백과 홑잎 동백이 피는 시기가 다

르다는 걸 알게 되었을 때만 해도 몇 달 후에 내가 동백 씨앗을 주우러 다닐 줄은 몰랐다.

300년 된 동백군락지를 찾아 신흥리 동백마을에 갔다가 마을에서 운영하는 동백마을 방앗간을 보았다. 가을에 할머니들이 주워 온 동백 씨앗으로 기름을 짜서 제품을 만든다고 했다. 옛날엔 동백기름을 머리카락에 발랐던 걸로 아는데 제주에서는 음식을 만들 때도 동백기름을 쓴다니.

그래서 시작한 동백 씨앗 줍기.

여름이 지날 무렵, 이파리 사이로 동그란 열매가 보였다. 얼핏 호두열매로 착각할 정도로 크기와 모양이 비슷한 초록 열매가 점점 붉은빛을 띠더니 짙은 갈색으로 변해갔다. 씨앗이 다 자라면 아람이 벌어져서 땅으로 쏟아졌다.

9월부터 위미리에 있는 동백나무 군락지로 씨앗을 주우러 다니기 시작했다. 백여 년 전, 위미리로 시집온 현맹춘 할머니가 한라산에서 씨앗을 주워다 황무지에 심었다는 군락지이다. 긴 세월 동안 울창한 방품림으로 자라 하늘을 가릴 정도였다. 꽃이 필 때만 사람들이 북적일 뿐 가을에는 조용하고 한적한 시골 마을이다.

간혹 씨앗을 주우러 나온 할머니들을 마주치곤 했다. 할머니들은 동백기름 쓰임을 모르는 게 없는 박사다. 갈 때마다 한 가지씩 배워 왔다.

"돔박(동백) 씨는 깨끗이 씻어서 과랑과랑한 벳디 말려야사 허여(강한 볕에 말려야 해). 와싹허게 말려사 지름이(바삭하게 말려야 기름이) 잘 나오주게."

"한 번 삶앙 씻으민 쭉정이는 둥둥 뜨니까 건져 불고(버리고). 그게 더 코시롱허여(고소해)."

"가래떡 구울 때 돔박지름 둘렁(동백기름 둘러서) 해 봐. 독새기(달걀) 후라이도 돔박지름으로 허면 입이 배지근허여(익숙한 맛이지만 더 흐뭇한 맛. 육류의 맛 표현에만 쓴다)."

"나가 허리 아판 줏지 안허젠(내가 허리 아파 줍지 않으려) 해도 우리 똘(딸)이 화장 지울 때 돔박지름만 헌 게 엇댄 허는(없다고 하는) 통에 줏으레 나오는 거주게."

"옛날은 아이덜 기침 허민 돔박지름에 독새기 풀엉 멕였주게."

9월이라도 더위가 여전해서 줍다 보면 땀범벅이 되는 건 기본이고 허리도 아팠다. 그래도 다음 날이면 홀린 듯 그곳으로 향했다. 씨앗 줍기가 고사리 꺾는 일만큼이나 중독성이 강했다. 어느새 기름을 짜겠다는 목적보다는 줍는 재미에 빠져버렸다.

먼저 끌린 건 소리였다. 바람이 불 때마다 높은 나무에서 씨앗이 떨어졌다. 씨앗이 엄지손톱보다 좀 더 크고 단단해서 차도 위에 떨어지면 부딪치는 소리가 났다.

"툭."

풀더미에 떨어지는 소리는 도나 레.

"또로로, 톡톡…."

선들바람에 씨앗 몇 개가 떨어지며 구를 때는 미에서 파.

"떽데구르, 또르르르…."

아스팔트를 한참 구르는 솔, 라.

"후둑, 후두두둑."

센바람에 한꺼번에 떨어질 때는 시나 높은 도.

씨앗 떨어지는 소리에 음을 붙이자 저절로 노래가 되었다.

"그추룩(그렇게) 서서 보민(보면) 돔박 씨가 보이질 안 허여, 앚아사 보이주게(앉아야 보이지)."

내가 막대기로 낙엽을 헤집는 것을 보고 옆에서 가르쳐주던 할머니의 말에 곡조를 붙여 흥얼거렸다. 부를수록 지당한 말씀이었다. 거저 가져가는데 뻣뻣이 서서 받을 수 있나, 겸손하게 자세를 낮추어야 하고말고.

"고사리 꺾을 때도 앉아서 보이주게."

씨앗 하나에 '앉아서 보이주게~'가 도돌이표처럼 입에서 맴돌았다.

씨앗을 주울 때마다 보석 하나씩 손에 쥔 것 같았다. 나는 욕심 많은 여자. 한 번 동하면 어지간히 가져선 성에 차지 않는다. 콩알만 한 광물성 보석을 물색없이 탐하다간 집안 거덜 낼 판인데, 식물 보석에 매료되었으니 얼마나 다행인가.

동백 씨앗 구르는 소리도 좋지만 또록또록한 열매 또한 매력적으로 생겼다.

씨방 안에 있는 씨앗은 흑갈색 목질木質에 가깝다. 씨방은 세 갈래로 나뉘지는데, 그 안의 씨앗 수는 제각각이다. 열 알이 나올 때도 있고, 세 알, 한 알만 나올 때도 있다. 여러 개가 꼭 붙어 있는 것을 보면 죽어도 같이 죽고 살아도 같이 살자는 듯 결연해 보이기까지 한다. 하지만 나는 결연한 쪽은 탐탁치가 않다. 독채에서 유유자적, 호젓이 혼자 사는 쪽을 선호한다. 적어도 동백 씨앗이라면.

씨앗 하나에 나무 한 그루가 들어 있다는 사실을 알게

신성한 나무

된 것은 나중이었다.

햇볕에 바짝 마른 껍데기에 금 간 게 있어서 쪼개 보았다. 씨앗을 감싼 보늬와 껍데기 안쪽에 실금 같은 선이 보였다. 방향 없이 엉겨 있는 게 아니라 세필 붓으로 섬세하게 그린 것처럼 보였다. 보늬는 볼록렌즈처럼 둥글게 올라오고, 껍데기 안쪽은 오목렌즈처럼 들어간 모양으로, 양쪽 그림이 같은 데칼코마니였다. 그림을 찬찬히 살펴보았다.

엄지손톱만 한 나무, 얼마나 가는 붓으로 터치한 걸까. 굵고 곧은 줄기를 중심으로 무성한 가지를 뻗었다. 가지 하나하나가 살아서 흔들리는 듯했다. 그림에서도 바람이 부는 것처럼. 세밀화는 영락없는 동백나무였다. 어떤 나무가 씨앗에 제 미래를 새겨놓을 수 있을까. 이토록 신성한 나무가 있을까.

그런 나무에서 핀 꽃 또한 신성하리라. 예로부터 제주에서는 동백꽃은 출산을 주관하는 삼승할망(삼신 할머니)를 상징하는 꽃이라고 한다. 혼인한 여자가 심방(무당)을 찾아가면, 심방이 일부러 붉은 동백꽃을 잡도록 유도하기도 하는데, 덜컥 흰 동백꽃을 잡는 여자는 임신이 어렵다는 말이 있다. 붉은색은 피의 색, 생명의 색이니 반대로 흰 동백이 불임을 의미한다고 할 수도 있겠다.

붉은 동백이 4·3 사건* 때 희생된 도민들을 기리는 꽃인 것도 같은 맥락이리라. 속절없이 떨어진 꽃송이처럼 사라진 생명에 대한 애도의 꽃이며, 그들을 잊지 않겠다는 다짐을 담은 꽃이리라.

제주에 동백나무가 흔한 이유를 알 듯하다. 제주 사람을 닮았기 때문일 것이다. 피 토하는 심정을 안으로 끌어 담아 붉게 피어날 수밖에 없는, 저마다 송이송이 동백꽃인 사람들임에.

---

*4·3 사건: 1947년 3월 1일부터 1948년 4월 3일까지 발생한 시위를 포함, 1954년 9월까지 제주도에서 발생한 무력 충돌과 그 진압 과정에서 무고한 주민들이 희생당한 사건. 2000년 1월 〈제주 4·3 사건 진상규명 및 희생자 명예 회복에 관한 특별법〉이 제정되면서 국가 차원의 진상 조사가 시작되었다(《다음 백과》에서 일부 인용).

고사리 이야기

고사리 숲에서 부르는 소리

 제주에서 두 번째 맞이하는 사월, 연일 맑은 날이 도리어 섭섭했다. 고사리 장마가 오지 않아 가물었다고 해야 하나. 아침저녁 기온이 낮아지는 사막화 현상으로 고사리가 점점 줄고 있단다. 고사리 꺾는 재미가 붙으면 누워서도 천장에 아른거린다더니 내가 그랬다. 고사리 장마가 와야 살찐 고사리가 올라온다기에 비가 더 기다려졌다.
 봄이 되자 오일장이든 마트든 걸린 게 다 고사리 바지, 고사리 앞치마였다. 지난해 수확량이 남편보다 현저히 떨어졌던 건 장비 부족 탓이리라. 장비만 갖추면 반은 먹고 들어가는 법. 고사리 바지는 밑단에 고무줄을 넣은 나이론 몸빼로 뱀이나 벌레뿐 아니라 찔레 가시도 함부로 덤비지 못한다. 앞치마는 주머니가 크고 밑단에 지퍼가 있어서 고사리를 쏟기 편하게 생겼다. 바지나 앞치마도 필요하지만 필수 장비는 장화다. 장화만 신으면 찔레 덤불을 찍어 누르고 마른 억새 줄기도 가볍게 눕힐 수 있다.

장화를 사러 멀리 동문시장까지 갔다. 기능성 못지않게 미적이어야 전투력이 제대로 상승한다고 믿어서였다. 신발 가게 아저씨가 핑크색 장화를 건넸다.

"곱닥헌(예쁜) 장화는 이디밖에 엇어게(여기밖에 없어요)."

"저 유치한 색 안 좋아해요."

"배염(뱀)은 붉은색 보면 피해 가거든. 이게 좋은 게(거요)."

"다른 장화보다 비싼 거 팔려고 그러는 거죠?"

"하루 고사리 꺾으민 장화 값 벌고도 남주(남아요). 비 오는 날은 뽄쟁이(멋쟁이) 소리 들을 거라."

실없이 주고받는 농담도 기대감을 부추겼다. 야무지게 준비 완료했으니 출전!

백전백승할 기세로 고사리 숲에 들어도 나는 총 한 번 못 쏘는 신세였다. 다른 사람 눈에 잘 띄는 고사리가 내 눈에만 보이지 않았다. 가늘거나 겨우 고사리밥 정도였다. 어쩌다 실한 고사리를 발견하면 "어찌 저에게 이런 은총을!" 소리가 절로 나왔다.

허리 한 번 숙일 때마다 땅에서 먹거리를 인심 좋게 퍼주니 내가 할 수 있는 건 감사한 마음을 담은 인사뿐, 허리가 아파도 꾸벅, 또 꾸벅. 고사리밭에서는 다들 그렇게 허리 숙여 감사를 표했다. 그 모습을 보면 모르는 사람하고도 마음이 통하는 기분이었다. 고사리를 전문으로 꺾는 사람들은 가까운 곳은 들어가지 않는다는 말을 들었다. 멀리 못 가는 할머니들에게 양보하는 무언의 약속이라 했다.

고사리가 많이 나는 곳에 먼저 온 차가 있으면 다른 곳으로 가고, 앞서가며 꺾는 사람은 뒤에 사람이 오면 옆으로 피해 준단다. 앞에서 다 꺾어 가면 뒷사람은 허탕 치기 때문이라고. 어린 순은 다음 날 올 사람에게 양보하는 것도 마찬가지다.

고사리 숲에는 예의와 배려, 질서가 있다. 하나라도 더 꺾을 욕심에 채 자라지도 않은 것을 똑 분지르고 나서는, 내 인간성이 드러난 것 같아서 찔끔한다.

고사리는 하나를 발견하면 그 주위에 몇 개가 같이 있

다. 꺾고 나면 바로 앞에, 옆에 또 뒤에…. 줄기에 손이 닿으면 숨바꼭질에서 들킨 아이처럼 순순히 잡혀준다. 기왕 잡힌 거, 연한 부분에서 토독, 꺾여준다. 졌다고 깔끔하게 인정하는 고사리. 게다가 계속 꺾으면 그 자리에서 여덟, 아홉 번 더 올라온다니 대단한 살신성인 아닌가. 그렇게 홀리듯 따라가다간 길을 잃기 쉽다. 고사리가 많이 나는 곳에 길 조심하라는 현수막이 걸려 있는 이유다.

평지나 다름없는 고사리 들판에서도 길을 잃을 때가 있다. 억새가 시야를 가려서 들어온 길이 보이지 않기 때문이다. 남편하고 고사리를 꺾으러 가면 방향이 달라 금세 멀어지기 일쑤였다. 조금 전까지 보이던 사람이 증발이라도 한 듯, 사위가 고요하면 덜컥 겁이 났다. 순간 혼자 남겨진 듯한 아득함.

그때 멀지 않은 곳에서 "여보~", 혹은 "누구 엄마~" 하고 부르는 소리. 그 호칭이 내 이름을 부를 때보다 새삼 정답게 느껴진다. '여보'에는 두 사람이, '누구 엄마'에는 우리 가족이 다 들어있는 호칭이니 말이다. "나 여기 있어." 하고 화답할 때, 남편도 안심이 되리라. '여기'는 고사리 들판뿐 아니라 그의 곁이기도 하니까.

남편이 나를 부르는 소리는 먼 데서 들렸다가 가까이서 들리곤 했다. 그럴 때마다 내 대답은 한결같았다. 그래, 살면서 더 가깝게 느껴지는 날도 있고 멀게 느껴지는 날도 있을 테지. 다른 점이 많은 두 사람이 같이 살면서 어떻게 늘 같은 거리를 유지할 수 있겠나. 마음이 멀어질 땐 얼마나 많았을까. 내가 그에게, 그가 나에게. 주말부부로 지내느라 지리적 거리가 멀었을 때도 있었다. 그는 주말에 집으로 돌아오며 점점 가까워진다는 것이 좋았으리라. '여기'는 가족이 기다리는 곳이니까.

허허벌판에 두 사람밖에 없는 듯 의지할 사람은 서로뿐. 한때는 두 손을 깍지 껴 밀착하는 것이 부부 사이라 생각했지만, 어느새 스르르 손이 풀리고, 앞서거니 뒤서거니 걷는 게 편해질 만큼 살았다. 길 가다 어디쯤 서로 등 대고 쉴 때 인ㅅ자로 완성되는 모습이 부부라는 생각으로.

한참 촉촉한 생각에 빠져 있는데 남편이 불렀다. 얼마나 됐다고 또 찾는담. 울컥 짜증이 치밀었다.

"아, 여기 있다니까!"

부부란 게 그렇다. 세월이 흐르면 낭만은 사라지고 현실만 남는 것.

고사리 밭

하트 날리는 고비

 가시리 큰사슴이오름 쪽으로 갔을 때 고비 군락을 발견했다. 고사리보다 더 맛있다기에 나는 고비만 꺾기로 했다. 그 길로 숱하게 다녔을 삼춘들 몇이 한마디씩 했다.
 "육지 사람이여. 개고사리 꺾는 걸 보민."
 "이디선 안 먹는디."
 "고사리나 더 찾주게."
 고비는 고사리보다 훨씬 굵어서 눈에 잘 띄지만, 생긴 모습은 선뜻 손이 가지 않는다. 고사리는 매끈한 데 반해 고비는 온통 회색과 갈색이 섞인 털북숭이다. 줄기까지 털을 뒤집어쓰곤 접근하지 말라고 경고하는 듯하다. 그렇다고 물러서면 고비의 진면목을 볼 수 없다. 털만 털어 내면 매끄럽고 반들반들한 초록색 줄기로 환골탈태, 이런 반전 매력이 없다.
 데친 고비를 말리기 전에 반을 쪼개는 작업을 한다. 속이 촘촘해서 잘 마르지 않기 때문이다. 반으로 쪼갠 고비를 채반에 놓으면 하트 하나가 생겨난다. 고부라진 순을 마주 보게 놓을 때마다 하트를 그려 내는 데다 하나에서

둘이 생기는 묘미까지.

고비가 고사리보다 한 수 위인 이유다. 맛도 맛이지만 징그럽게 보이는 위장술을 부리면서도, 막상 손에 넘어오면 하트를 뿅뿅 날리는 엉뚱함. 그런 친구가 있다면 늘 유쾌하고 새로울 것이다. 아니 내가 그런 친구가 되고 싶다. 종잡을 수 없는 매력으로 지루할 틈을 주지 않는 친구. 결코 쉽게 도달할 수 있는 경지일 테지만….

해외 원정 온 고사리 선수

고사리를 전문으로 꺾는 '꾼'들은 한 달 수입이 몇백이네, 천이네 하는 소리를 들었다. 도대체 얼마나 많이 꺾기에? 4월 한 달은 관광지가 아닌 곳에 자가용이 줄지어서 있는 것을 심심치 않게 보곤 한다. 오토바이, 자전거도 섞여 있다. 그런 곳이 고사리 밀집 지역이다. 큰사슴이오름이나 모구리야영장 근처도 새벽부터 차가 줄지어서 있다. 해 뜨는 것을 보고 나가면 지각이다. 전문 꾼들은 여명부터 고사리를 꺾기 시작한다. 우리와 같은 방향으로 갔던 할머니들을 돌아올 때 다시 만나기도 하는데, 보따리를 보면 베테랑임을 금방 알 수 있다. 등이 휠 정도로 메고 오기 때문이다. 우리가 꺾은 건 10kg도 안 되는데 할머니들은 20kg을 꺾으니 보따리 무게가 만만찮다. 매일 그 정도를 수확해 오면 20일만 꺾어도 최소한 400~500만 원의 수입이 된다는 계산이 나온다.

고사리는 말리면 무게가 10분의 1로 줄어든다. 생고사리 5kg면 건 고사리 500g이다. 고사리로 벌이하려면 아침부터 도시락을 싸가서 들이고 숲이고 훑고 다녀야 한다. 몇백만 원을 버는 게 결코 쉬운 일이 아니다. 몇 시간만 꺾어도 허리가 뻣뻣해져서 더 할 수가 없는데, 할머니들은 그걸 견뎌내며 고사리를 꺾는다. 당신 주머니를 채우려고 욕심부리는 게 아니다. 자식 살림에 보태고 손주 용돈 줄 생각에 힘든 줄 모르고 꺾고 또 꺾는 거다. 가시덤불을 지나간 발자국마다 모정母情이 찍혀 있는 것을 나는 본다.

내가 고사리를 꺾는다는 말에 여기저기서 주문이 들어왔다. 난 고사리 찾는 데는 젬병이라 남편이 꺾은 고사리로는 주문량을 채울 수 없었다. 해외에서 선수를 영입하기로 했다. 이모에게 원정을 요청했다. 바다를 건너오는 것이니 말 그대로 해외 원정이다. 커다란 보자기를 반 접어 앞치마를 만들어 온 이모는 과연 믿을만한 지원군이었다.

 어린애 손을 고사리손이라고 하듯, 막 나온 새순이 펼쳐지기 전 주먹을 쥔 듯 오므린 상태가 꺾을 수 있는 고사리인데 주먹을 펴면 쇠어서 뻣뻣해진다. 쇤 고사리의 곁가지 끝에 나온 고사리밥은 형편없이 가늘다. 꾼들은 거들떠보지도 않는 고사리밥이 내 차지다. 그것도 고마워하며 부지런히 꺾는다. 집에 와 펼쳐놓고 이모와 남편은 서로의 것을 칭찬하는데, 내 것은 역시나 열외다. 삶을 때도 맨 나중으로 밀리고 말릴 때도 따로 말린다.

 굵고 실한 고사리가 내 차지가 아니어도 좋다. 어둠새벽부터 부산스럽게 준비하고 여명이 밝아오는 들판에 서면, 하루가 신성하게 열리는 기분이다. 새벽 어시장에 갔을 때 느끼는 생동감이 그곳에서도 느껴진다. 길을 잃을까 봐 이모 곁에 붙어서 고사리를 찾는 재미도 쏠쏠하다. 시시한 이야기로 웃거나 기억에 남을 것도 없는 평범한 수다가 힐링 아닌가. 연둣빛 자우룩한 들판에 무겁고 어두운 이야기는 들어올 자리가 없다. 마음이 맑은데 말이 어두울 리 있나. 고사리를 찾다 보면 아무 생각이 없다는 이모, 그래서 내 원정 요청에 한걸음에 날아왔을 거다.

 집으로 돌아간 뒤 이모가 전화했다.

"고사리 장사 잘돼?"

"완판이지. 나 먹을 것도 없어."

"내 그럴 줄 알았다. 너도 밥만 먹지 말고 좋은 거 먹어."

"밥만 안 먹어. 이모가 냉동실에 넣어준 고기, 갈치 다 찾아 먹고 있어."

"이 바보야, 그 밥 말고 고사리밥 말이다."

그래서 또 한바탕 웃었다. 따로 보관한 내 상자에 이모표 고사리가 들어 있는 걸 모를 리가.

나물하려고 말린 고사리를 꺼낸다. 철사처럼 뻣뻣한 줄기가 들판에서 낭창거렸던 초록 줄기였다는 건 꺾은 사람이기에 안다. 그때 본 일출과 새벽 공기, 바람결을 품은 고사리. 지나간 나의 봄이 그 안에 들어 있다.

개망초 다이어리

12월 풍경

 그 꽃이 눈에 들어온 것은 크리스마스를 보름 앞둔 때였다.
 베란다 너머로 작고 하얀 꽃송이가 바람에 하늘거리는 게 보였다. 제주도는 겨울에도 꽃이 피니까 그중 하나려니 했다. 자세히 보니 개망초였다. 여름꽃이 한겨울에? 가을을 봄으로 착각하고 피는 개나리처럼 이름 앞에 '개'가 달린 개망초라서 철모르고 피었나? 하지만 어쩌자고 겨울에 나온 건지, 그것도 내가 사는 아파트 단지에서 108동 4호 라인 앞에만 자리를 잡은 건지.
 개망초에겐 방풍림이 둘러선 언덕 아래 공터에다 바람을 막아주는 외벽이 있으니 최적의 자리였나 보다. 새끼를 품은 어미 고양이가 몸 풀 자리를 찾아내듯 안심하고 뿌리를 내렸으리라. 지난 추석에 풀 깎을 때, 예초기로 잘린 꽃에서 떨어진 씨앗이 발아한 모양이다.

  12월에도 영상 15도 안팎이었으니 봄인 줄 알았겠지만 아무리 제주도라도 겨울은 겨울. 크리스마스 며칠 전에 눈이 내렸다. 사흘 동안 정원석에 20cm나 쌓였으니 꽃이 얼어 죽지 않았을까. 그동안 보여준 정을 생각해서 애도한 시간이 1초나 될까. 눈이 녹은 후 창밖을 볼 때는 조금의 기대도 없었다. 그런데 태연히 손을 흔드는 개망초 꽃대. 그것도 전보다 숫자가 늘었다. 눈雪으로 충분한 수분 공급이 되어 수를 늘릴 수 있었던 모양이다. 소풍 나온 아이들처럼 명랑하고 천진한 개망초의 손짓, 영 못 볼 줄 알았던 얼굴을 다시 본 듯 반갑고 애틋했다. 비로소 하나하나 세며 눈을 맞추었다. 모두 스물세 포기. 눈 속에서 살아난 꽃이 장했다. 죽었을 거라 지레짐작한 게 미안했다. 이제부턴 대견하게 여기고 응원하리라.

  그렇게 꽃하고 우정이 생겼다.

  나만 그런 게 아니었다. 늦은 밤, 가로등 앞에 나타난 새끼 노루도 같은 마음이었는지 마른 풀잎에만 입을 댔다. 노루가 개망초는 먹지 않는지 모르지만 그게 사실이라도 일부러 가지 않은 거라 믿고 싶었다. 겨울밤 노루가 내려와 꽃이 다칠세라 조심스레 지나가고, 꽃은 경계심 없이 곤히 잠들고. 그 모습을 보고 있는 나. 우정은 식물과 사람, 둘에서 동물까지 셋으로 엮어졌다. 동화처럼.

다음 해 1월 풍경

12월에 처음 눈에 띈 꽃은 폭설을 이겨내고 겨울비를 맞아가며 해를 넘기고 달을 넘겼다. 심심하면 꽃의 수를 세어본다. 어느 날은 스물둘로 보이고 어느 날은 스물네 포기로도 보인다. 바람에 흔들려서 겹쳐 보여서다. 아무려면 낙오 없이 한 살 더 먹은 게 기특하다.

"조금만 더 버티면 배롱나무의 기록도 깨겠는걸. 나무도 아닌 풀이 꽃을 100일 넘게 피운다면 믿을 사람 있겠어? 그땐 배롱나무 급으로 올려주지. 힘 내자고!"

이쯤 되면 개망초는 도전을 앞둔 선수, 나는 독려하는 코치 또는 감독.

2월까지도 남을 수 있을지. 기대와 조바심마저 일었다. 1월이지만 포근한 날씨에 바람도 훈풍이니 기대할 만했다. 이제 개망초는 여름 들판에서 흔히 보는 잡초가 아니었다. 매일 눈을 마주치는 동안 '나에게로 와 꽃이'

된 특별한 존재였다.

2월 풍경

그러나 약속을 쉽게 잊은 쪽은 나였다.

남편이 내려와서 일주일 같이 보냈다. 그동안 여러 번 베란다에 나갔는데도 아래를 내려다본 적이 없다는 것을, 가고 난 뒤 알았다. 개망초를 본 기억이 없었다.

혼자일 때 보였는데 다른 사람과 있을 때는 보이지 않는 건 마음의 문제일까. 눈이 담는 것은 환경에 따라 매번 달랐다. 같이 있는 상대에 따라서도 분산되었다. 그럴 땐 꽃이 들어올 자리가 없었다.

"우리가 사는 동안 놓친 개망초는 얼마나 될까요?"

여자 몇이 모인 자리에서 내 생각을 말했다. 누구나 아내로, 엄마로 살면서 챙기지 못한 내 '몫'이 있을 테니까. 하고 싶은 일, 가고 싶은 곳일 수도 있고, 목 안으로 삼켰던 말, 조용히 체념한 것이 우리가 놓친 개망초가 아닐까. 그 말에 고개를 끄덕였다. 공감을 얻자 끈을 놓친 풍선처럼 마음이 한없이 날아다녔다. 갑자기 억울하기도 하고 아깝기도 했다. 나를 조각내서 이리저리 나눠주고,

남은 것은 그중 작은 부분인 것만 같았다. 꽃이 눈에 들어오지 않았던 며칠을 돌아보면서 가족이나 관계를 생각해 보았다.

관계란 쉘 실버스타인의 《어디로 갔을까 나의 한쪽은》에서 제 몸에 맞는 동그라미를 찾는 조각이 마침내 꼭 맞는 조각을 찾았을 때 느낀 안도감 같은 것. 그렇게 완전체가 되어 잘 구르던 동그라미였는데, 어느 날 잠시 멈춘 조각은 회의감에 빠진다. 구르기만 하는 동안 못 보고 지나친 게 많았구나. 그즈음 내 마음이 그랬다.

내가 그 생각에 골똘히 빠져 있는 동안, 알 리 없는 개망초는 성실한 선수처럼 꽃 피우기 훈련을 이어가고 있었다. 그러고 보니 100일이 머지않았다.

3월 풍경

내 마음을 이해할 사람이라 여기고 전화를 걸었던 송 선배. 공감을 바랐던 나는 아무래도 번지수를 잘못 찾았다. 다른 사람들은 수긍했던 말이 선배 앞에선 대차게 반사되고 말았다.

"못 들어주겠네."

한마디로 복에 겨운 소리라고 했다. 아내 혼자 제주도에서 지내게 해주고 살림하며 돈 벌어 보내는 남편이 어디 또 있느냐고 호통(!)을 쳤다.

선배는 가소롭다는 듯 못을 박았다.

"놓쳐버린 개망초로 수필을 쓰겠다고? 난 읽고 싶은 마음 없다네."

쓰기도 전에 찬물을 끼얹었다. 그러나 반박할 수 없었다. 오히려 정신이 번쩍 들었다. 그 말에 한동안 엎어졌다 뒤집어졌다 하던 마음이 자리를 잡았다. 나만 개망초를 놓친 걸까 싶어서였다. 남편은 놓친 게 아니라 처음부터 놓은 채 살아왔을지도 모르는데.

늘 보이던 것이 어느 날은 눈에 들어오지 않을 때도 있고, 늘 있던 것을 처음 본 양 새삼 알아보기도 하는 게 혼자이냐, 함께이냐와 큰 상관이 있을까. 그보다는 마음의 문제이지. 2월에도, 3월에도 모두 다 마음의 문제였다.

가벼운 마음으로 개망초와 눈을 마주쳤다. 그사이 너끈히 100일을 넘겨 꽃을 피우고 있는 개망초.

"대단하다. 넌 배롱나무 급을 넘었어. 풀이 이뤄낸 성과니까."

절로 엄지척이 나왔다.

4월 풍경

4월 중순. 동백꽃, 수선화, 매화, 목련이 차례대로 피었다 졌다. 유채꽃도 거의 지고, 벚꽃은 보름을 넘기지 못하고 하르르 떨어졌다. 지금은 철쭉이 한창이다. 아무리 길어야 한 달 넘게 피는 꽃은 없다.

겨울을 난 개망초는 다섯 달째 꽃송이를 올린다. 백 일 동안 피는 배롱나무도 한 송이 꽃이 석 달 내내 피는 건 아니다. 소복소복한 꽃송이 중 하나가 지면 곁에서 다른 꽃이 올라와 오랫동안 피는 것으로 보일 뿐.

한 줄기로 올라온 개망초는 꽃대 하나에 많은 송이가 달린 것도 아닌데 어떻게 질 새 없이 바통을 이어 피는지 대견함을 넘어 의구심이 들 정도다.

봄이 되자 새로 올라온 민들레며 고사리가 자리를 침범해 와도 신경 쓰지 않는다. 뿌리 내린 만큼만 제 몫이라는 듯. 수수하고 무던한 여인처럼 눈에 잘 띄지 않는 개망초. 화사한 꽃들에 눈이 뺏겨 개망초가 거기 있다는 것을 잊을 때가 많지만 그조차도 개의치 않는 개망초. 처음부터 지금까지 개망초는 그랬다.

칭찬과 관심에 목말라 조급해하는 나에게 개망초가 도

처에 있는 스승 중 하나가 아니었을까.

5월 풍경

일 년의 반을 날마다 보았던 개망초가 순식간에 사라졌다. 아침부터 소리가 요란하다 했더니 예초기 소리였다. 오월이 되어 잡초가 무성해지자 예초기가 등장한 것이다. 전에는 말끔히 정리된 풀밭이 보기 좋았는데, 이번엔 아니었다. 식물하고 우정이 생겼다는 말까지 해놓고선 개망초가 속수무책으로 베어지는 모습을 봐야 하니. 화단을 정리하는 사람에게는 제거해야 할 잡초에 불과한데, 무슨 말로 막을 수 있을까. 기계 소리를 피해 편의점에 다녀온 사이, 아침에 보았던 개망초는 사라지고 풀줄기만 바닥에 쓰러져 있었다.

그러나 왠지 안타까운 심정만은 아니었다. 지난해 연말부터 보아온 대로 개망초의 질긴 생명력을 믿으니까. 베어지면서 꽃이 떨군 씨앗이 발아할 거고, 칼날을 피해 납작 엎드린 키 작은 줄기가 또 자라날 테니까. 얼마 후면 그 자리는 다시 개망초 꽃밭이 될 터. 몇 번 더 예초기가 등장하겠지만, 그 순간이 지나면 폐허를 복구하듯 개망초는 자리를 정비하고 다시 올라오리라.

　식물이 동물보다 더 진화된 생명체라던 문우의 말이 떠올랐다. 한 발도 옮기지 못하고 주어진 환경에 맞춰 사는 식물. 물과 빛이면 족한 식성. 절기를 정확히 지키는 질서. 바람, 벌, 나비, 새를 통해 은근히 성사하는 교합, 그리고 조용히 이뤄지는 번식…. 입으로 먹어야 하고 소화와 배설을 해야만 살 수 있는 동물에 반해서 얼마나 깔끔하고 품위 있는 생존 방식인가.

　먹고 먹혀야 하는 게 동물로 태어난 목숨붙이의 숙명이라지만, 생존을 위해서도 아닌데 상대를 밟고 위에 서려고 하는 욕망은 얼마나 부질없는 일인가. 99개를 가지고도 남의 하나를 빼앗으려 하는 욕심은 또 얼마나 어리석은 일인가.

　쓰러진 자리에서 마르거나 썩어서 다음 생명을 위한 자양분으로 제 몸을 내줄 줄 아는 잡초의 가볍지만 숭고한 죽음. 그 앞에서 인간이 위대하다고 으스댈 수 있을까.

유사 봄날의 드라마 한 편

1월인데 한낮 기온이 영상 15도, 바람은 시속 5~6m/s. 파란 하늘에 흰 구름 둥둥. 가벼운 차림으로 집을 나선다. 해안도로를 달리는 동안 하늘과 바다가 누가 더 파란지 재보기라도 하듯 맑고 투명하다. 이런 날 집에 있는 건 제주에 대한 모독이다. 서울은 영하권이라는데, 여긴 봄도 이런 봄이 없다.

성산 쪽으로 방향을 잡는다. 얼마 전 종영한 주말드라마 〈웰컴 투 삼달리〉에서 본 장소에 가볼 생각이다. 화면에 나왔던 오조리 식산봉은 내가 자주 찾았던 곳이다. 바닷물이 드나드는 끝 지점이라서 작은 시냇가로 보이는 그곳은 여름에 보말을 잡던 곳이다. 그 장소가 드라마에선 버스 정류장 앞 편의점으로 나왔다. 실제론 차가 다닐 수 없는 곳인데 외제 차가 미끄러지듯 멋지게 그 앞에 서는 장면이 비쳤다.

산책로를 돌자 생각지 못한 풍경이 들어왔다. 피서철에도 찾는 이가 없던 곳에 사람들이 북적이고 노랫소리가 들려서 아직도 드라마 촬영을 하는 줄 알았다. 하나같이 화려하게 꾸미고 슬로우 모션처럼 한가롭게 걷는 모습이 영락없는 드라마의 한 장면이었다. 하지만 카메라도 감독도 배우도 보이지 않고 접근을 막는 스태프도 없었다. 아무리 봐도 촬영 현장은 아니었다. 드라마 촬영지였다는 소문에 찾아온 관광객과 때마침 버스킹하는 가수가 편의점이었던 자리에 무대를 마련한 것이었다.

내 눈에는 여전히 촬영 중인 것처럼 보였다. 파도가 제법 치고 바람도 꽤 부는데 포근한 햇볕에 몸을 맡기고 노래를 듣는 사람들, 야자수 잎이 바람에 리듬을 타며 기타 선율과 결을 맞추고, 바다 맞은편엔 성산일출봉이 선명히 들어오고…. 완벽한 앵글 아닌가. 제주가 고향인 시인이 죽어서 천국 가는 것보다 살아 제주에 사는 게 좋다던 말이 떠올랐다. 근심 한 점 없는 사람들 얼굴이 비현실 같았다.

바쁠 일 없는 내가 노래에 맞춰서 고개와 어깨를 까딱거려야 장면이 살 것 같았다. 한쪽에서 주연을 자처하며 허밍하고 있는데 잠시 노래를 멈춘 가수가 나를 보았다.

"예쁜 아주머니, 앞쪽에 있는 의자에 앉으세요. 그래야 스피커가 잘 들리거든요."

헉, 나보고 예쁜 아주머니란다. 호칭 앞에 '예쁘다'라는 수식어가 붙었던 때가 언제였는지, 그런 적이 있기나 한지. 우스갯소리로 아들이 여자 친구가 생겼다고 하면 유치원생부터, 아버지, 할아버지까지 첫마디가 "예뻐?"라는데, 속물들이라고 할 것도 없었다. 예쁘단 말 듣고 기분 좋지 않은 여자는 없을 테니. 앞으론 '예뻐'가 자동 발사되는 남자들을 속물이라 하지 않기로.

물론 자신의 노래가 잘 들리길 바라는 가수의 무심한 권유겠지만 모른 척하기도 그래서 그가 마주 보이는 자리에 앉았다. 대부분 관광객이라 자리에 앉은 사람은 나뿐이었다. 가수와 같이 온 듯한 두 남자를 빼고는.

슬쩍 그들을 스캔했다. 가수는 40대로 보이고 노래를 잘하는 것 외엔 평범한 인상이었다. 한눈에도 과체중! 자신도 그 체구에서 성량이 나온다고 농담했다. 내내 곁을 맴도는 두 남자는 60대 정도로 보였다. 청바지 남자는 마르고 큰 키에 백발인 단발머리가 바람에 너풀거렸다. 키 작은 남자는 비니모자에 동그란 선글라스를 쓰고 젊은이처럼 칠부바지에 스니커즈를 신었다.

가수는 몇 번이고 내가 신청한 노래를 성심껏 불러주었다. 노래를 쉴 때 잠시 자기소개를 했다. 자신은 서울 사는 유튜버, 흰머리 할머니(가수의 표현)는 작가, 형님은 라이브카페 '레옹'을 운영하면서 악기를 연주한단다. 그제야 예사롭지 않다고 느꼈던 의상의 콘셉트가 이해되었다. 레옹 모자에 레옹 안경이었던 거다. 카페 상호까지 레옹이라니 레옹 마니아인가 보다.

좋아하는 노래를 라이브로 감상한 것으로 그날 문화 향유는 충분했다. 일어서려는데 가수가 유일한 관객을 보내기가 아쉬웠던지, 며칠 서귀포에 묵을 동안 라이브 카페에서 노래할 거니까 한번 오라 했다.

봄날 같은 날이 좋았던 걸까, 노래를 들으며 마음이 풀어졌던 걸까…. 집에 와서 마음이 붕 뜬 이유를 생각해 보니 하나가 집혔다. 할머니라고 안 하고 아주머니로만 불러줘도 고마운 판에 '예쁜 아주머니'라는 말에 감격했던 거라고. 감정이 즉각 반응하는 것은 고상하고 품격 있는 것보다는 유치하고 단순한 것들 아닌가.

그렇담 한번 가봐야지, 누구와 같이 갈까? 집에서 멀지 않으니 혼자서 가볼까? 어떤 옷을 입고 갈까? 모자는? 생각이 가지를 치기 시작했다.

그때 뒤통수치듯 분위기를 깨는 전화벨 소리, 확인할 것도 없이 남편이었다.

아직 들뜬 기분이 가라앉지 않은 상태에서 남편에게 낮에 있었던 이야기를 했다. 혼자 갈 용기가 없던 차라 다음에 오면 같이 가자고 할 참이었다.

"뭣이라? 왜 위험하게 돌아다녀?"

뜻밖에 가시 돋친 고슴도치 반응이라니.

"환한 대낮에 돌아다녔는데 뭐가 위험하다는 건지?"

"그놈들 노래하면서 가게 홍보하는구먼. 저녁 7시에 문 여는 게 카페야? 술집이 뻔하지."

"홍보는 무슨…."

말하다가 얼른 입을 다물었다. 지금부터 한마디 할 때마다 불난 데 부채질, 아니 휘발유 뿌리기일 테다. 이 남자의 머릿속엔 여자 혼자 바에 앉아 맥주를 병나발 불면서 흥얼대는 모습으로 꽉 차 있는 상태다. 가수가 "할머니, 앞자리로 나와 앉으세요." 했다고 보고했으면 불길이 좀 수그러들려나? 아설 일이다. '예쁜 아주머니'라고 불렀다는 말은 하지 않은 걸 다행으로 여기고 유일한 소화기인 침묵만이 필요한 때.

그런데 알 수 없는 일이다. 어느새 나도 맥주를 앞에

놓고 노래를 듣는 내 모습을 상상하고 있으니. 해지면 밖에 나갈 생각도 안 했던 내가 바람이 잔뜩 든 것이다. 유사 봄바람에.

제자리로 돌아오니 감미롭던 그날의 바람은 찬 공기에 밀려 날아가 버리고 역시나 겨울 한복판. 추운 날 나갈 엄두를 못 내고 텔레비전 드라마나 보면서 시간을 때우는 날.

재미없었다. 드라마도 하루하루도. 내가 등장했던 그날의 드라마만 못했다, 한동안.

태풍도 직무유기를 할 때가 있다

 마른장마가 지나고 연일 폭염이 계속되는 한여름 밤. 왠지 심상치 않은 조짐이 느껴졌다. 아니나 다를까, 사방으로 열어젖힌 창문으로 우람하다고 짐작되는 바람이 불어닥쳤다. 떡 벌어진 어깨에 울퉁불퉁한 근육질, 보이지 않는다고 느껴지지 않는 건 아니다. 그런데 하는 짓이 좀 엉뚱했다. 책상 위 메모지, 휴지 조각처럼 자잘한 것부터 쓸어버리기 시작했다. 남성적인 기세에 반해 의외로 섬세한 것인지, 깔끔한 성격인지. 태풍으로 크기 전 몸풀기를 하려다가 만만하게 건드린 게 내 책상의 물건이었다면 소심한 편인지도 모르겠다.
 바람이 나 대신 치워준 자리에 맥주병과 텀블러를 올려놓았다. 올여름에야 안 사실인데 맥주를 시원한 상태로 유지하면서 천천히 마시려면 유리잔보다 텀블러가 좋다. 투명하지 않아서 흠이지만 책을 읽다가 '아참, 맥주가 있었지' 할 때는 안다.

　의자에 기대앉아 맞은편 의자에 발을 뻗었다. 소설가가 소설 쓰기에 관해 쓴 산문이 수필 쓰기와도 맞아떨어지는 게 재미있어서 빠져들던 중이었다. 손을 뻗어 잔을 들었다. 역시나 불투명해서 진작 비운 줄 몰랐다. 다시 따랐다. 기포가 텀블러의 가장자리에 딱 멈추어 넘치지 않을 만큼. 그러곤 잠깐 잊었다. 방금 읽던 문장이 끝나지 않았기 때문이다. 그 잠깐 사이, 놀라운 일이 벌어졌다.

　텀블러에 가득 찬 맥주 거품 위에 파도가! 바람이 제 모습을 드러내며 파도 놀이를 하는 중이었다. 바다에서 실컷 발길질하고 놀아도 봐줄 사람이 없으니까 여기까지? 참 덩치에 어울리지 않는 짓 아닌가. 이 큰 섬의 사방이 바다인데, 더구나 곧 닥칠 태풍을 예고하러 온 전령사가 바다에서 3km나 떨어진 아파트 2층 창문을 넘어와 지름 7cm도 채 안 되는 잔에 와서 파도를 그리고 있다는 게. 저렇게 여유를 부려도 되나?

　내가 좀 바빴던 게 탈이었다. 내 약점인 디테일에 관한 부분이라서, 한 모금 훅 들이켜고 다시 책으로.

　애써 보인 재주를 무시한다고 여겼는지, 엉뚱한 바람

이 다시 수작을 부렸다. 갑자기 텀블러에서 휘파람 소리가 들렸다. 맥주를 반쯤 비운 공간에서 몸을 뒤척이며 연주에 들어간 것이다. 얄팍한 금관악기가 내는 소리.

"휘이, 휘이익, 휘이…."

경쾌한 소리에 두세 마디지만 음률도 있었다. 바람은 이래도 못 본 체할 거냐는 듯 연이어 연주에 몰두했다. 그 정성이 갸륵해서였을까? 어느새 나도 입술을 모아 휘파람으로 화음을 맞추고 있었다.

텀블러가 아니면 볼 수 없는 맥주 위의 찰싹이는 파도, 바람의 멋들어진 관악기 연주.

마음의 허기는 문장으로 채우고 육신의 갈증은 맥주로 달래는 것으로도 족한 여름밤. 내가 누굴 위해 선행을 베푼 일이 있었나? 시각과 청각을 충족시키는 바람의 공연이 더해진 호사까지.

여름밤 창문을 열고 맥주를 마실 땐 유리잔보다 텀블러를 권하고 싶다. 그런 호사를 누리려면 조건이 까다롭다. 책상 위 가벼운 것은 간단히 쓸어버릴 만큼 강도 높은 바람이 부는 날이어야 하고, 다른 소리가 끼어들지 않는 한밤중이어야 한다. 바람이 수작을 부려도 바로 응하지 않을 무엇이 있어야 한다. 내겐 책이 바람의 시샘을

유도했다. 삼각관계일 때 더 조급해지는 법이므로.

다음 날 뉴스에서 우려와는 달리 큰 피해 없이 태풍이 빠져나갔다는 소식을 전했다. 그럴 줄 알았다. 새벽에 본 대로라면 폭력을 싫어하는 태풍이 분명했으니까. 덩치만 컸지 그악스럽게 달려들어 손톱을 세울 줄도 모르고, 억센 주먹으로 어퍼컷을 날릴 줄도 모르는 바람인 줄 알았으니까. 장난기 많고 외로움을 타서 관심을 끌고 싶어 하는 그 바람은 처음부터 큰 태풍이 되기 싫었던 모양이다. 마지못해 와서는 미적거리다가 열린 창문을 발견하곤 일단 놀고 난 후에 생각하자 했을지도.

처음 바람을 마주했을 때는 램프에서 나온 요정 지니를 닮은 것 같았다. 아마 텀블러가 램프로 보였을 것이다.

"한 번 들어가 봐?"

호기심에 몸을 구겨 넣었을 테고.

"어, 이게 되네!"

신나서 휘파람 불던 지니.

태풍이 직무유기하고 놀다가 간 건 나만 아는 이야기. 제주에서의 '한여름 밤의 꿈'이었던 시간….

안녕, 도요새

　제주의 여름살이는 동경했던 마음과는 달랐다. 햇빛이 강해도 너무 강했다. 투명한 빛살이 나를 과녁 삼아 내리쏘는 것 같았다. 한번 섭씨 30도를 찍은 후론 상승만 할 뿐 도무지 하강할 기미가 보이지 않는 온도계. 이대로 여름인 채 계절이 바뀌지 않을 것만 같았다.

　한낮엔 나갈 엄두가 안 났다. 해가 수그러진 후 바닷가에 가보지만 더운 바람이 식지 않아 해안 길도 시원하지 않았다. 바다가 옆에 있으니 뛰어들면 그만인데, 그 쉬운 일도 무슨 용기가 필요한지 고작 모래사장이나 밟아볼 뿐.

　내가 자주 가는 곳은 소금막 해변이다. 모래사장 길이가 300여 미터나 될까 싶은 아담한 백사장이지만 아이를 데리고 놀러 온 가족이나 서핑하는 젊은이들로 여름내 북적인다. 맨발로 모래사장을 밟으려고 해 질 녘 찾아간다. 그때쯤이면 동네 사람 몇만 보일 뿐 한산하다. 매일 가도 물때가 다르고 바람이 달라 백사장 풍경도 변한다. 파도가 센 날은 뿌리째 뽑힌 해초가 모래 위에 널려 있기도 하고, 강풍이 바다를 뒤집은 날은 바닷속 돌맹이가 밀려와 모래에 박혀 있을 때도 있다. 그럴 땐 모래사장에 띠를 두른 현무암 자갈을 피해 걷기가 쉽지 않다.

며칠 동안 포악을 떨던 파도와 바람이 잔잔해진 날, 하늘이 보상이라도 하듯 노을을 펼쳐 보였다. 하늘만 분홍빛으로 변한 게 아니라 모래사장도 온통 분홍빛이었다. 모래사장 끄트머리쯤 갔을 때 하얀 새 몇 마리가 눈에 들어왔다. 몸집이 참새보다 조금 더 크고 부리가 길고 배가 유선형이다. 파도와 장난이라도 치듯 쫓아가다가 물살에 놀라 종종걸음쳐 돌아오는 모습이 여간 귀엽지 않았다. 새도 분홍빛 모래가 신기한지 부리로 연신 모래를 쪼아댔다. 그 모습을 카메라에 담으려고 가까이 갔더니 어찌나 빠르게 도망치는지 새의 다리가 바람개비로 보였다.

도요새다. 작지만 가장 빨리 나는 새.

여름이 권세를 부리며 폭정을 멈추지 않을 것 같더니 어느 날 온도가 2도 떨어졌다. 28도만 돼도 공기가 달랐다. 비를 머금은 먹구름 때문일까. 바람도 어깨를 부풀리기 시작했다. 그런 날은 언덕에서 내려다보는 바다 풍경이 그만일 터. 해비치 언덕에 차를 세우고 내리자 그새 더 무거워진 구름이 축 처져 수평선까지 궁둥이가 닿았다. 드디어 몸을 풀어헤친 바람도 거세지기 시작했다.

언덕 아래 펼쳐진 검은 바위 위로 파도가 달려와선 하얗게 부서지는 그때, 들판 쪽에서 날아온 무언가가 그대로 포말에 휩싸였다. 하도 빨라서 새인 줄도 몰랐다. 높은 파도가 삼켜버렸다고 생각한 순간, 물에서 솟구치듯 날아오르는 새. 그러곤 눈 깜빡할 사이 들로 날아갔다.

도요새다. 작지만 가장 높이 가장 멀리 나는 새.

한 마리 새가 바다로 향했다가 몸을 돌려 들로 날아간 그 짧은 순간, 눈이 그 비행을 따라갔을 뿐인데 내가 바다로 떨어졌다가 다시 솟아오른 기분이었다. 흠뻑 파도를 뒤집어쓰고 물기를 털어내듯 부르르 어깨를 흔들었다.

도요새는 수평으로 수직으로 종잡을 수 없이 빠른 몸짓으로 날아다녔다. 다른 새에게선 볼 수 없는 속도와 민첩함, 그 몸짓이 먹이보다 더 큰 목표를 향하는 것으로 보였다.

달보다 먼 거리를 오간다 해서 '문버드'로 불린다는 새.

월동을 위해 북반구에서 남반구까지 10,000km 이상 이동한다니 '굳이 왜?' 하는 의문부터 든다. 그러니까 내가 보고 있는 저 도요새는 러시아에서 날아와 제주도에서 잠깐 몸을 추스르는 중인 것이다. 다시 호주나 뉴질랜드로 날아가기 전 이곳은 도요새의 휴게소쯤이라고 할까.

도요새에게 묻고 싶다. 좀 쉽게 살 생각은 없느냐고. 먹이가 그곳에만 있는 건 아니지 않느냐고. 몸무게가 반이나 줄어들 정도로 먼 거리를 꼭 가야 할 필요가 있느냐고. 도요새를 알게 된 후엔 바람개비 다리가 귀엽게만 보이지 않는다. 슬쩍 건드리기만 해도 부러질 것 같은 다리조차 내려앉을 자리가 없는 공중의 삶이라니.

도요새가 내 시선 따위는 아랑곳하지 않고 모래를 뒤적이고 있었다. 오늘의 먹이에만 집중하면서. 먼 여정에 대한 두려움도 없이 한가롭고 태평한 몸짓이었다. 골똘히 보니 새가 부리로 올려낸 것은 자연의 대답이었다. 도요새의 비행은 이제까지 그래왔고 앞으로도 그러할 것이라는…. 만일 저 새가 더 멀리 날기를 포기하고 이만큼이면 됐다고 제주 바다에 머물게 된다면 지구에는 엄청난 변수가 생기고 말 거라는…. 그 변수를 상상이나 해 보았느냐고….

고작 며칠 도요새를 관찰한 내가 연민할 일인가. 저 작은 새도 자연에서 엄연히 제 몫을 하고 있는데. 내가 할 일은 어쭙잖은 염려가 아니라 도요새의 시간을 방해하지 않는 것이었다.

"도요새, 도요새 그 몸은 비록 작지만*~."

뒤돌아서며 나직이 노래를 부르다 문득 이런 생각을 한다.

이 몸도 작지만 높은 데는 올려다보지도 않고 느리기만 하며 멀리 가는 것을 싫어하는구나. 닮은 거라곤 작은 것 하나뿐이면서 감히 누구더러….

*이태원의 노래 〈도요새의 비밀〉 가사 중에서

노을진 바다

처음 해녀를 본 날

눈치가 있으면 어림짐작으로 알아챌 법도 한데, 그게 안 되는 것이 제주어다. 지방 사투리는 앞뒤 맥락을 알면 뜻을 알겠는데, 제주어는 아무리 눈치를 최대치로 끌어올려도 풀이하지 못할 말들이 많다.

우도에서 당황했던 날도 그랬다.

친구들이 놀러 와서 우도에 들어갔다. 우도가 다른 섬에 비해 넓긴 해도 여행객이 다니는 코스는 정해져 있다. 서빈백사 해변, 검멀레 해변, 하고수동 해변, 우도 등대… 거기서는 여행 온 외지인들만 보인다. 기념품 가게, 편의점, 카페… 어딜 가도 주인들이 깍듯한 표준어로 맞이한다. 제주에서 제주 사람을 만나는 게 더 어렵다.

우도와 연결되어 있는 비양도로 건너갔다. 작은 섬 끄트머리에 해녀가 잡은 해산물을 파는 식당이 있었다. 식당은 당일치기 여행객들로 북적였다. 우리도 겨우 한 자리 잡아 해산물 한 접시에 땅콩 막걸리를 시켰다.

 허리가 굽어 걸음이 느린 할아버지가 서빙을 했다. 할아버지는 탁자에 접시를 놓을 때마다 여기보다 싸게 파는 집은 없다고 강조했다. 할아버지가 차려주는 게 미안했지만 당당하고 활기찬 모습을 보니 그러지 않아도 될 것 같았다. 하긴 싱싱한 해산물과 막걸리를 반기기도 바빴다. 다른 사람들도 우리처럼 들떠 있었다. 불어오는 바람에 묻어오는 갯내, 눈앞에 펼쳐진 바다, 끊임없는 파도 소리…. 거기다 해녀 식당이라는 것을 증명하듯 물질을 마친 해녀들이 무거운 망사리를 등에 지고 들어왔다.

 해녀들은 식당 옆에 짐을 부리고 방으로 들어갔다. 옛날에는 바닷가에 돌로 둘레를 쌓아놓고 불을 때서 몸을 말리고 동네일을 의논하던 곳을 '불턱'이라고 했는데, 그 방이 현대식 불턱이었다. 방에서 해녀들이 주고받는 말소리가 들렸다. 알아듣진 못해도 뭔가 안 좋은 일이 있는지 큰 소리가 넘어왔다.

 "#$%^&*!!"

 "&^%$#!!!"

 점점 커지는 소리가 식당에 있는 사람들 말소리를 압도했다. "으이!" 하고 윽박지르는 것도 같고, "으악!" 하

처음 해녀를 본 날 223

면서 한 대 맞는 것도 같았다. 마치 옆에서 멱살 잡고 싸우는 것처럼 소리는 생생한데 보이지 않으니까 상상 속 광경이 더 살벌했다. 하나둘 말소리가 줄면서 약속이나 한 듯 시선이 한쪽으로 고정되었다. 젓가락을 든 채 얼음땡이 된 사람도 있었다. 아무래도 보통 싸움이 아닌 모양이었다. 금방이라도 누구 한 사람 피를 흘리며 밖으로 나와 쓰러질 듯한 분위기. 해녀들이 있는 방으로 가봐야 하지만 소리에 포박당한 듯 그대로 굳은 사람들. 자칫하면 목격자 신분으로 진술해야 할 상황이 벌어질지도 모를 일이었다. 조금 전까진 구름 한 점 없이 맑고 청명했는데 갑자기 천둥 번개와 함께 감당 못 할 폭우가 쏟아질 조짐, 다들 같은 생각이었다.

유일하게 할아버지만 아무렇지 않았다. 도리어 갑자기 숨죽인 사람들이 이상하다는 듯 둘러봤다. 한 사람이 용기 내서 말했다.

"할아버지, 저 해녀분들 큰 싸움 난 것 같은데, 말리셔야 하는 거 아니에요?"

"쌈? 어디서 햄시니(한다고)?"

"옆방이요."

"무사 쌈(웬 싸움), 쉬멍 말들 고르멘(쉬면서 얘기들 하는 거야)."

"예에?"

모두 벌어진 입을 다물지 못했다. 잠시 후, 방에서 해녀들이 거짓말처럼 멀쩡한 몸으로 나왔다. 언제 악을 썼냐는 듯 평온한 표정이었다. 잠수복을 벗자 평범한 동네 할머니들이었다. 마치 몰래카메라를 찍은 것 같았다. 상황 종료와 함께 다시 부산스러워진 식당, 접시로 향하는 젓가락들.

나는 더 먹고 싶은 생각이 없었다. 막걸리만 한 잔 들이켰다. 놀란 가슴이 진정되지 않아서가 아니었다. 가까이서 들은 제주어가 낯설다기보다 처연하게 와 박혔다.

바다에서 멀리 있는 동료를 부르다 보니 해녀들은 자신도 모르게 소리가 커졌구나. 깊은 바닷속에 들어가 물질하다 수압에 청력이 약해졌구나. 해녀들은 '저승 가서 번 돈 이승에서 쓴다'는데, 우리가 먹는 전복이며 소라가 다 저승에서 따 온 거구나….

해녀들

영화 <물꽃의 전설>을 보고

　100세 가까운 할머니와 서른 중반 젊은 여자. 두 사람의 조화가 아름답다.
　그들은 함께 붕어빵을 먹을 때는 친구고, 물질 요령을 전수할 때는 스승과 제자고, 바다로 나갈 때는 동료다. 해녀라는 직업이 두 사람 사이를 잇는 동아줄이다.
　현순직 해녀는 94세에 은퇴한 87년 경력의 상군 해녀, 채지애 해녀는 도시에 살다가 고향으로 돌아와 서른 넘어 물질을 시작한 애기 해녀다. 지애 엄마는 딸이 해녀가 되는 것을 극구 말렸지만 뜻을 꺾지 못하고 딸과 함께 바다에 든다.
　결코 쉽지 않은 물질인데도 영화가 보여주는 삼달리 바닷속은 인어가 헤엄치는 동화 같다. 각양각색의 물고기가 유영하고, 해초 사이를 누비면서 전복과 소라를 찾아내는 해녀들의 손놀림이 바쁘다. 그중에서도 가장 황홀한 것은 수심이 깊어 아무도 가지 못했던 들물여*의 풍경이다. 꽃나무처럼 보이는 산호초가 줄지어 선 바다 정원. 그곳에 가 본 사람은 현 할머니뿐이었다.

다큐멘터리 영화 〈물꽃의 전설〉**은, 지금은 할망바당***밖에 들어갈 수 없는 현 할머니가 다시 보고 싶어 하는 들물여에 관한 이야기다.

"들물여에 가민(가면) 소라가 대여섯 개씩 모두락허게 이서(모여 있어). 그곳에 물꽃이, 벌겅헌(빨간) 물꽃이 하영 피엇주게(많이 피었어)."

애기 해녀는 그곳이 궁금하다.

"삼춘, 들물여에 가고 싶으꽝(싶어요)?"

"가고 싶고말고."

두 사람은 배를 타고 그곳으로 간다. 현 할머니가 가리키는 곳에 들어가 애기 해녀가 본 것은, 물꽃(산호초)도 감태도 사라지고 황폐해진 들물여.

감독은 제주에서 빠르게 사라지는 것 세 가지를 말한다. 제주어, 해녀 그리고 건강했던 바다.

현순직 해녀야말로 그 세 가지를 다 품고 산 분이다. 이제는 지팡이에 의지해 바위에 서서 먼바다를 바라보는, 잠수복이 아닌 몸뻬 차림의 제주 할망. 그분이 해녀

임을 증명하는 것은 이마에 붙인 동전 파스 두 장뿐.

우도에서 처음 해녀를 보았을 때는 몰랐는데, 동전 파스를 왜 붙였는지를 이젠 알겠다. 물질할 때 수압으로 청력이 약해지는 것과 두통도 피할 수 없이 따라붙은 지병이라는 것을. 해녀가 수면으로 올라올 때는 발을 모으고 무릎을 굽혔다 펴면서 이마로 수면을 찬다. 폐활량이 좋은 해녀도 3분 이상 물속에 머물 수가 없으니, 물질을 세 시간 한다 치면 수십 번이나 수압을 깨고 올라와야 한다. 그러니 그 머리가 온전할까.

아마 현 할머니는 동전 파스뿐 아니라 머리맡에 순비기나무 잎이나 열매를 두고 잠들 게다. 해녀의 숨비소리를 듣고 자라는 나무라서 순비기라고 부를 만큼 해녀가 늘 곁에 두는 식물이다. 물안경을 닦기도 하고, 머리가 깨질 듯 아플 땐 잎을 비벼서 허브 향으로 가라앉히기 위해서다. 고질병이나 다름없는 두통을 달고 살면서도 해녀들이 바다를 떠나지 못하는 이유가 무엇일까. 심지어 어떤 해녀는 잠수복을 입은 채 잠자리에 들었다고 한다. 딸이 놀라서 물었단다.

"어멍, 고무옷 입엉 자면 어떵헙니까게?"

"내일 또 바당에 갈거난 안 벗어도 되여."

"공기 통허지 않햄수다, 벗읍써."

"몸이 젊을 때광(때완) 달라부난(달라). 입고 벗는 게 몸이 뻑뻑허연 식용유 볼랑(바르고) 입어사주(입었어)."

돌아가실 때까지 고무 잠수복이 일상복이었던, 아니 피부와 다름없던 해녀 어머니의 삶. 그분은 잠자는 시간마저 바닷속을 헤엄쳐 다니는 꿈을 꾸셨을까.

현 할머니는 열여덟 딸이 바다에서 돌아오지 못했는데도 그 바다가 밉지 않다고 한다.

"바당이 부모보다 낫주게(낫지). 부모가 그추룩 물려줄 수 이서(그렇게 물려 줄 수 있어)?"

물질해서 땅을 사고 자식도 가르칠 수 있게 해준 바다는 해녀의 삶을 지탱해 준 터전일 터. 그러나 경제적인 이유이기만 한 건 아닌가 보다.

"나 죽으민 바당에 뿌려도라. 죽엉(죽어도) 바당에 살켜."

현 할머니의 독백은 육지 사람인 내가 이해할 수 없는 말이었다.

이미 바다와 한 몸인 해녀들은 뭍에서 쉬는 숨으로는 부족한 듯, 바다에 들면 아가미와 지느러미가 저절로 돋기라도 하듯 살아있는 동안 바다를 떠나지 못한다. 아니

죽어서도 바다로 돌아가겠다고 하지 않는가.

  뭍의 시간은 늙어가고 병들어가는 시간, 그러나 해녀에게 바다의 시간은 흐르지 않는 시간. 바닷속에선 귀도 어둡지도 않고, 머리도 아프지도 않으리라. 지팡이도 필요 없이 나비처럼 가벼우리라. 물고기처럼 자유로우리라.

  해녀가 아니면 알 수 없는 세상. 수중 장비를 장착하고 바다에 들어가는 전문 잠수부도 볼 수 없는, 오직 그들만의 세계.

---

*들물여: '들물'은 들어오는 물(밀물), '여'는 물속에 있어 드러나지 않는 암반을 뜻하는 말로, '들물여'는 바닷속에서도 물살이 센 곳임을 짐작할 수 있다.

**〈물꽃의 전설〉: 2023년 개봉. 고희영 감독이 2016년 선보인 〈물숨〉에 이어 제주 해녀의 삶과 제주 바다의 변화를 6년에 걸쳐 찍은 다큐멘터리 영화.

***할망바당: 나이 든 해녀가 가까운 바다에서 물질할 수 있도록 젊은 해녀들은 더 멀리 나가서 조업한다. 5m까지는 수압이 없다.

제주에는 '학교바당'이 있습니다

 온평리 아이들이 죄다 감기에 걸렸다. 한 집 건너 한 집 꼴로 국민학생은 열나고 콜록거리는 아이들이 많았다.

 영이 엄마가 영이 이마를 짚어 보고는 한숨을 내쉬었다.

 "전쟁통에 배고픈 것도 똑혼디(딱한데) 고뿔까지 걸령 어떵헐꺼니? 이치룩허민(이래서야) 핵교 가 지크냐(학교 갈 수 있겠냐)? 내일은 결석해사켜(해야겠구나)."

 솜이불을 뒤집어쓰고도 춥다고 덜덜 떨던 영이가 이불을 박차고 발딱 일어나 앉았다.

 "학교 가지말아 마씸? 새 학기라 안 가믄 안 되마씸. 학교 안 가믄 아이들이 안 놀아주는디. 아멩(아무리) 아파도 학교 가쿠다(갈래요)."

 "보름(바람)이 팡팡 부는디, 천막 교실에 죙일(종일) 이시믄 열낭으네(나는 거) 더 큰 벵 난다."

이웃집 철수는 학교에 안 가겠다고 떼를 쓰다가 혼이 났다.

"어멍(엄마), 나 콧물 질질 흘렴젠(흘린다고) 아이들이 놀련 학교 가기 싫은게."

"그까짓 콧물 좀 남젠 핵골 빼먹젠? 느 컹(너 커서) 무식쟁이 되젠햄샤(되려고하니)?"

"코찔찔이랜 불러부난(불러서) 창피한게."

"공부만 잘호민(잘하면) 누게도(누구도) 무시 못혼다(못한다). 아무 말 말앙(말고) 핵교 가라!"

"우씨, 하필이면 겨울방학 날 우리 학교에 불 날 게 뭐라. 크리스마스 선물이 불탄 교실이라? 그런 법이 어디셔."

지난 크리스마스이브에 학교에 불이 났다. 교실이 다 타고 말았다. 아이들은 새 학기가 돼도 들어갈 교실이 없었다. 급한 대로 천막 교실에서 수업했지만, 영등달* 바람은 맵찼다. 3월엔 강풍 아닌 날이 없을 정도였다. 천막을 헤집고 들어온 바람에 책이 날아가기 일쑤고, 흙먼지가 일었다. 아이들이 감기에 걸리지 않는다면 그게 더 이상할 정도였다.

봄이 오기나 할까 싶었다. 지난해 6월 25일에 북에서

쳐내려온 전쟁으로 흉흉한 때였다. 교실이 불탄 지 석 달이 되도록 어디에서도 교실을 지어줄 움직임은 보이지 않았다.

1951년 3월, 새 학기를 맞은 온평국민학교의 모습이다.

불턱에 모인 해녀 엄마들의 표정은 하나같이 심란했다. 아픈 아이들을 학교에 보내놓고 마음이 편할 리 없었다. 불을 피우던 하군 해녀가 말했다.

"올힌(올해는) 영등할망**이 메느리 데령 와신가(데리고 왔나), 무사 영 추웜신고(왜 이리 추워)?"

"영등할망인들 전쟁 난 나라에 좋은 씨앗 뿌릴 생각 허크냐(하겠나)? 나라 꼴 보기 싫으난 심술부렴주."

"아이고, 할마님아. 할망꼬지(할망까지) 우릴 버리젠 햄수가(버리려 하나요)? 고뜩이나(가뜩이나) 아이들 헥교 가기 힘든디. 보름이라도 잔질롸줍써(바람이라도 잠재워주세요)."

영이엄마가 모닥불에 손을 녹이면서 순이엄마에게 물었다.

"영이가 열나멍도(열나도) 헥교 가켄(가겠다고) 박박 우겨대연 보내긴 햄주마는 순이는 좀 어떵허여(어때)?"

"우리 순이도 어지간했수다. 고뿔이 막 늙은 고뿔됐수다(감기 걸린 지 꽤 됐어요). 경해도 핵교 돌앗수다(달려갔어요). 서울서 온 선생님이 막 좋댄(좋다고)."

"놈의 똘들은(남의 딸들은) 핵교 잘도 가는디 우리 철수는 땡땡이칠 궁리만 호니 이것사 원."

"그나저나 핵교에서 교실 짓젠 허는(지으려고 하는) 소식은 엇주(없지)?"

"짓어준댄(지어준다고) 해도 이 난리통에 젊은 소나이덜(사내들) 다 군대 가부러신디(가버렸는데) 어느 세월에…. 말이 되는 소릴 헙서."

"4·3 때 빨갱이렌 허연(해서) 몬딱(모두) 죽임 당한 집안들은 빨갱이 아니렌 골잰(아닌 거 증명한다고) 다덜 군인 간 거 아니라."

"4·3 때 죽고 전쟁에 죽고…. 제주도 남자들 씨가 몰람져(말랐어). 조천 신흥리엔 제일 나이 많은 남자가 열두 살이랜 행게(이라고 하던데) 그 말 들읍디가?"

"아이고, 무서운 세상인게."

"이젠 믿을 건 아이덜 뿐. 우리 애기들이 잘 컹(커서) 제주도 살려사주(살려야지)."

"경허젠허믄(그러려면) 공부 허는 일밖에 어신디(없는데)

핵교가 저 모냥이니…."

두서없이 말이 오가고 다들 한숨만 푹푹 쉬고 있을 때, 대상군 해녀가 나섰다.

"나라가 난리통인디 촌구석 핵교 하나 불탄 거 대수꽈? 난리통에 불탕(불타) 피란 강(가다) 아이 잃어부는(버리는) 일이 하영 이신디(많은데). 경해도 우린 아이들이 조끗디(옆에) 이시난(있으니) 얼마나 소망이라게(다행이야). 나라에서 짓어줄 때 기다리지 말앙 우리가 나사 불게(나서자고)."

"우리 냥(힘)으로 교실 짓겐 허는 말이우꽈(짓자고 하는 말인가요)?"

"우리 해녀들 나상(나서면) 못 헐 일이 이서? 언제 나라가 멕여살렸수꽈(먹여 살렸습니까)? 바당이 우릴 멕여 살렸주. 아니라?"

"맞는 말이주. 우리가 모다들엉 허민 되큰게(하면 되겠네요)."

"게민(그러면) 이 온평리 바당에 '핵교바당'을 정호영(정해서) 그 바당에서 나오는 해산물 판 돈으로 교실 짓게마씸(지읍시다)."

열다섯 애기해녀부터 팔순의 할망해녀까지 뜻을 모았

다. 그러나 결코 쉬운 일이 아니었다. 첫해에 한 칸 교실을 지을 수 있었다. 그렇게 8년 동안 모두 열 칸의 교실이 해녀들 손으로 지어졌다. 코찔찔이 1학년들이 자라서 졸업하고도 남을 시간이었다.

70년도 더 된 이야기다. 어떤 사람은 전설 같은 이야기라 하고, 누군가는 기적과 다름없다고 한다. 순박한 옛사람의 공동체 생활이 이룬 성과라면서, 과거에나 있을 법한 이야기로 치부하는 사람도 있다. 요즘 아이들에겐 그저 옛날이야기로 들릴지도 모르겠다.

기적은 그 후에 일어났다. 전설의 부활이라고 할까.

이 '학교바당' 이야기로 제주 해녀가 2016년 유네스코 무형문화재로 등재되었다. 심사 때 올린 문구는 '제주에는 학교바당이 있습니다'였다. 이보다 똑떨어지는 말이 더 필요할까.

세상 어디에도 없는 학교바당! 나는 처음 그 이야기를 들었을 때 가슴이 뜨거웠다. 하늘을 향해 축포를 쏘아올린 기분이었다. 그것은 가난과 무식을 자식에게 넘겨줄 수 없다는 모정母情이 이뤄낸 미담 이상의 의미였다. 칠성판을 등에 지고 바다에 든다면서도 바다를 의지하고 섬기는 해녀들. 스스로 배운 게 없다고 말해도 그들의 덕성과 지혜를 누가 따를 수 있을까.

온평리에는 학교바당이 있다. 있었다는 과거형이 아니다. 학교바당을 지킨 해녀들이 지금도 그 자리에 있다. 온평초등학교에 세워진 '해녀공로비'에 새긴 이름으로.

세상이 탁해지고 정이 메말라간다고 생각할 때, 내 힘으로 할 수 있는 게 하나도 없어서 주저앉고 싶을 때 나는 온평초등학교에 가겠다. 그곳에서 해녀들 이름을 한 분씩 불러보고, 불턱에서 나누었던 그날의 이야기를 듣겠다. 굳었던 마음이 풀리고 차츰 온기가 도는 것을 느낄 수 있으리라. 안개가 걷히면 길이 보이듯, 살면서 나갈 방향도 보이리라.

*영등달: 음력 2월 초하루부터 보름 동안 영등 여신이 제주에 다녀간다고 해서 영등달이라 부른다.

**영등할망(신화): 옛날 외눈박이 거인에게 죽을 뻔한 어부들을 숨겨주고 대신 몸이 찢겨서 죽은 여신. 찢긴 육신이 제주 바다로 흘러 들어오자 어부들이 수습해서 제를 지낸 후 살아났다. 해마다 음력 2월에 제주에 와서 바다에 씨앗(전복, 소라, 보말 등 해산물)을 뿌려주고 간다고 믿어서 송별제로 영등굿을 한다. 며느리를 데리고 온 해는 날씨가 사납고 좋지 않으며, 딸을 데리고 오면 풍년이 될 거라고 믿는다. 할망은 늙었다는 뜻이 아니라 지혜롭다는 뜻. 신은 나이를 먹지 않는다.

해녀공덕비

바람이 사람을 세운다

 육지에 갔다가 며칠 만에 내려왔다, 라고 첫 문장을 제주 사람 흉내 내서 써봤다.

 여기 사람들은 바다 건너는 고유 지명 대신 통틀어 육지라고 한다. 내심 한번 써보고 싶었는데 '육지'라고 쓰고 보니 제주살이가 더 실감난다.

 공항버스 종점에 내리자마자 바람이 양팔 벌려 맞이한다. 앞을 막고 포옹하자 하고, 한 걸음도 못 걷게 발목을 휘감는다. 격해도 너무 격한 환영 인사. 휘청대는 걸음으로 자동차에 도달해서 문을 열자, 이번엔 문짝을 뜯고 들어와 같이 앉을 기세다. 양손으로 힘껏 끌어당겨 겨우 닫자 바람이 차창을 두드리며 외치는 소리.

 "나 보고 싶었으면서 왜 보자마자 내빼려고 해?"

 마음을 들킨 것 같지만 보고 싶었다고 말하기엔 너무 부담스러운 상대. 마주 서려 해도 뒷걸음질치게 하는 존재. 나보다 기 센 사람을 만나면 피하기부터 하는데, 제주의 바람이 그렇다. 그러니 숨 막히도록 달려드는 바람을 피해 차 안으로 숨고 말았다. 바람을 피하자 비로소 바람이 느껴진다.

'역시 제주 바람!'

용인 집에 있는 동안 자주 가라앉는 기분이 그거였다. 바람이 불지 않았다. 불어도 약했다. 움직이지 않는 나무며 풀이 시르죽어 보였던 것. 걸어 다니는 사람조차 축 처져 보였던 것. 나도 무슨 일을 해도 생기가 없고 의욕이 나지 않았다. 그 이유를 제주에 와서야 알았다. 어느새 제주의 바람에 익숙해졌던 거다. 용인에서 며칠 지내면 산소가 부족한 것처럼 답답했다. 제주에 도착한 순간 결이 다른 바람을 맞으면 비로소 숨이 트이는 듯했다.

그러면서도 바람을 감당할 자신은 없었다. 강풍 부는 날엔 아예 나갈 생각을 하지 않았다. 나무를 사정없이 흔들고 가벼운 물건을 하늘 높이 올려 버리는 건 예사, 태풍에 나무며 전봇대가 쓰러지고 심지어 지붕이 날아가기도 했다. 그런 바람이 두려우면서도 그 역동성에 감탄할 뿐이었다.

다음 날 종달리에 갔다. 수국 철이면 해안도로 양쪽에

파랑, 보라, 분홍의 수국이 수국수국 피는 곳이다. 어디서나 불쑥 튀어나오는 도깨비 같다고, 수국을 '도채비꽃'이라고 부른다. 종달리는 수국 천지여서 여름이 그 꽃과 함께 시작하는 것 같다. 우도 가는 선착장 가까이에 있는 '오늘 종달'은 처음 갔을 때부터 주인 여자가 살갑게 대해서 자주 찾는 카페다.

"오늘만 살 작정으로 지은 상호 같네요."

농담을 건네자 주인 여자가 웃으면서 답했다.

"오늘 하루 잘사는 것보다 중요한 게 어디 있어요?"

지나간 어제도, 오지 않은 내일도 오늘 없이는 있을 수 없을 터. 강단 있는 성격이 느껴지는 대답이다.

그날도 카페 앞 바다는 파도가 셌다. 바깥 의자에 앉아 물멍을 하고 싶었지만 바람의 기세에 눌려 실내에 자리를 잡았다.

"제주에서 오십 년 산 사람이 서울로 이사 갔을 때, 처음엔 풍경이 죽은 것 같더래요. 바람이 바람 같지 않다던 말을 나도 이해하겠어요."

나는 바다보다 바람이 더 그립더라는 문우 이야기를 꺼냈다.

"섬 바람이 다르긴 하죠. 사방이 바다라 아무것도 막아

줄 게 없으니. 바람 센 날은 센 대로, 약한 날은 약한 대로 따라야지요. 바다의 일도 바람이 주관한다고 생각하니까 토속신앙이 남아 있고요."

여자는 사람들이 자연을 거슬리지 않으려고 자세를 낮추며, 신당을 찾기도 한다고 했다.

제주엔 신이 18,000명이다. 신에게 의지할 수밖에 없을 정도로 힘든 환경이었다는 뜻이다. 신화 강연에서 들은 말로 맞장구를 쳤다.

"어떤 선주는 바람을 잘 다스려 주십사 빌면서, 랑콤 립스틱이나 샤넬 향수를 올린대요. 립스틱이나 향수를 제물로 바친다는 말은 처음 들어봤어요."

"마을마다 모시는 신이 다르지만 제주의 신은 대부분 여신이에요. 여신도 예쁜 것을 좋아하니까 옷이나 액세서리를 드리겠죠? 요즘은 글로벌 시대에 맞게 명품 화장품을 올리는 거예요."

"그렇게나 신박한 발상을!"

"하지만 선주 부인은 구경도 못 했을걸요?"

"사나운 바람의 비위 맞추느라 부인을 챙길 겨를이 없었나? 아니면 부인이 그런 것에 관심이 없던지."

내가 본 제주 여인들은 대부분 말투가 무뚝뚝하고 퉁

명스러웠다. 나긋하고 상냥한 여인은 거의 못 봤다. 같은 여자끼리도 애교스럽거나 어리광 부리는 여자를 경멸한다는데, 애초부터 '끼'가 들어설 자리가 있겠나.

"제주 여인들은 여성스럽기보다는 중성적인 느낌이 들 때가 있어요. 마치 아마조네스 같아요. 억척스럽고 생활력은 강하지만 인생을 즐길 줄 모르는 사람들처럼 보여요."

"척박한 땅에서 살아내려니 육지 사람들에겐 억세 보일 거예요. 제가 어렸을 때만 해도 종달리는 오지였어요. 해녀들도 물질만 해선 살 수 없어서 농사도 겸해야 했고요. 풍랑에, 4·3 학살 때 남편을 잃은 여자들은 자연히 가장이 되었지요."

어쩌다 만난 제주 사람들은 내게 무슨 일을 하는지부터 물었다. 집에 있다고 하면 놀라는 표정으로 당장 일자리를 구해주겠다고 했다. 식당 설거지, 감귤 따기처럼 일거리가 얼마나 많은데 왜 놀고 있느냐고, 이해 못 하겠다는 반응이었다.

"제가 돈벌이를 안 한다는 게 죄를 짓는 것 같아서 주눅이 들곤 했어요."

"여긴 물질을 해도 밭일을 해도 공동체로 움직이니까

걱정해 주는 거예요."

"정이 사라진 시대라서 좀 당황스럽긴 했지요. 지금은 남의 일에 관심을 보이면 경계부터 하니까요."

남의 일도 내 일처럼 나서는 사람들, 공것을 바라지 않고 받은 것보다 더 많이 주려 하는 인정 많은 사람들. 그들의 선의를 나는 받을 줄 몰랐던 거다.

카페 주인에게 제주 여인들이 아마조네스 같다고 했지만, 사실 여전사라고 하기엔 다른 점이 많다. 아마조네스는 전쟁 때문에 전사가 되었지만, 제주 여인들은 생존을 위해 전사처럼 살아온 사람들이니 말이다. 살육과 파괴가 전쟁이라면, 생명과 보존이 생존 아닌가. 닮은 점이라면 강인하고 용감하다는 것뿐.

바람이 점점 강해지는 듯, 먼바다 물결이 들쭉날쭉 일렁였다. 파도가 조각칼에 패인 것처럼 보인 것은 그날 나눈 이야기 때문인지도 모르겠다. 돌, 바람, 여자, 돌, 바람, 여자… 돌아오는 내내 되돌이표처럼 맴돌던 단어. 돌뿐인 척박한 땅을 일구는 여인들에게 매섭게 닥쳐오는 바람이 그려졌다. 그 여인들 입술에 외제 립스틱이 칠해졌을 리도, 몸에서 값비싼 향수 냄새가 날 리도 없지만 아무것도 바르지 않은 입술과 땀 냄새가 더 귀하게 느껴졌다.

거센 바람이 싫을 만도 하겠다는 내 말에 여자가 한 말이 오래도록 잊히지 않는다.

"바람에 밀리지 않으려면 어떻게 하겠어요? 저절로 다릿심을 주어야지요. 아무래도 근육이 붙겠죠. 사람만 그러겠어요? 나무는 뿌리에 힘을 줄 거고 새도 날개에 힘을 싣겠죠. 살아 있는 모든 것들이 그렇게 하죠. 바람이 강하니 섬에 사는 생명들은 맞서 강해질 수밖에 없어요. 그게 섬사람들의 기질이죠."

차 덖는 시간

무차를 덖으면서

제주의 첫겨울. 어딜 가도 푸른색으로 펼쳐진 들이 낯설고도 신기했다. 편백, 삼나무 같은 침엽수는 물론, 동백, 귤나무, 사철나무의 잎이 기름을 칠한 듯 반짝이고, 밭엔 무가 한창이었다. 육지에서라면 진즉 거뒀을 텐데, 여기서는 월동 무라 밭에서 겨울을 난다. 2월이 되자 어느새 다 자란 무가 흙 위로 쑥 올라오기 시작했다. 들이 온통 푸른 기운으로 가득한 풍경이, 다른 나라에 온 느낌이었다. 도시의 겨울엔 상상도 못 했던 녹색 세상. 숲은 수직으로, 들은 수평으로 누가 더 초록초록한지 경쟁이라도 하는 것 같았다.

바다 가까이 펼쳐진 무밭을 보면 저절로 김기림의 시 〈바다와 나비〉가 떠올랐다.

아무도 그에게 수심水深을

일러 준 일이 없기에

흰 나비는 도무지 바다가 무섭지 않다.

청靑무밭인가 해서 내려갔다가는……

  시인이 '무밭'이라고 하지 않고 '청무밭'이라고, '청靑' 자 하나 더 쓴 덕에 숲과 들 중 우승은 들로! 내가 내린 판정에 바람이 박수를 보내고, 무는 답례로 머리채를 흔든다. 마치 파도가 일렁이는 것처럼 보여서 흰 나비가 헷갈리기도 했겠다. 바다가 청무밭인지, 청무밭이 바다인지.

  그즈음이 제주에선 무를 수확하는 철이다. 사람들이 모여 밭에서 무를 뽑는다. 무를 담는 마대도 톤(t) 급인데, 커다란 트럭에 가득 실려 가는 광경도 볼만하다.

  일 년 중 바람이 가장 센 2월, 모처럼 강풍이 잦아든 날 친구가 전화했다.

  "우리 동네 와라. 상자나 시장 가방 갖고."

  "뭘 주려고?"

  "와 보면 알아."

친구가 데려간 곳은 무밭이었다. 전날 수확하고 남은 무를 가져가자고 했다.

"누구네 밭인데? 그냥 가져가다 주인한테 들키면 어쩌려고?"

"남은 건 주워가도 돼."

친구 따라 밭에 들어가니 무가 지천이었다. 손바닥만 한 것부터 머리통만 한 것, 옆구리나 아래쪽이 갈라진 것, 돌을 피하느라 고부라진 것… 크기도 모양도 제각각이었다. 상품성이 떨어져서 버리는 것이라 했다. 처음엔 몇 개만 가져오려고 했다. 그런데 무가 예뻐도 너무 예뻤다. 그동안 무 다리라고 흉봤던 건 무를 모르고 한 말이었다. 희고 매끈하고 반들반들한 무는 오히려 섹시하기까지 했다. 제모는 사람 다리에나 하지, 무는 잔뿌리도 별로 없다. 밭에서 뒹굴어 흙이 묻었어도 관능적일 정도면 'O' 자로 휜 내 다리는 무만도 못하다고 할밖에.

이것도 예쁘고 저것은 더 예쁘고. 자꾸 주워 들다 보니 서른 개가 넘었다. 깍두기, 무생채, 뭇국, 무조림… 할 수 있는 건 다 만들어 봐도 무가 남아돌았다. 오래 보관하려면 말리는 방법밖에 없었다. 채칼로 썰어 볕 좋은 날 사나흘 널었더니 무가 뽀얗게 말랐다. 고슬고슬 햇볕

냄새와 달큰 쌉싸래한 무 냄새. 그러나 여기가 습도 높은 제주도라는 사실을 깜빡했다. 보송보송 마른 무가 날이 흐리자 눅눅해지기 시작했다. 그대로 두면 곰팡이 피는 건 시간문제.

그때 알게 된 게 무차였다. 처음엔 어느 정도 덖어야 하는지 몰랐지만 차츰 요령이 생겨 일곱 번 정도 덖었더니 갈색빛 도는 차가 완성되었다.

제주살이 첫 해 겨울은 무차를 덖으면서 지나갔다. 봄이 올 때까지 무밭에서 이삭줍기를 하면서, 바람 센 겨울을 무사히 보냈다. 무차를 마실 때면 어김없이 〈바다와 나비〉가 맴돌았다.

… …
청무 밭인가 해서 내려갔다가는
어린 날개가 물결에 절어서
공주처럼 지쳐서 돌아온다.

삼월달 바다가 꽃이 피지 않아서 서글픈
나비 허리에 새파란 초승달이 시리다.

수심水深을 모르는 나비는 수심愁心도 없었을 터. 멋모

르고 달려든 바다에서 날개가 절고 지쳐서 돌아올 동안 나비는 삶의 쓴맛, 짠맛을 알았으리라. 소년이 자라면서 겪는 성장통처럼. 바다로 갔다가 시행착오를 겪고 돌아오는 나비 같은 사람들을 생각한다. 바다는 나비의 땅이 아니니 얼른 소금기 묻은 날개를 털기를, 그리고 진짜 청무밭을 찾기를….

봄이 되자 무꽃이 피기 시작했다. 들판 가득 핀 무꽃 위로 바람이 지나갔다. 꽃물결이 일렁였다. 그 물결 사이로 흰 나비가 날았다.

눈 오는 날 비트차를 덮다가

속담에 '늦게 배운 도둑질 날 새는 줄 모른다'라는 말이 있다. 도둑에게 훔치는 재미에 빠져 지체하다간 잡힐 수도 있으니 조심하라는 말인가? 누구를 위한 말인지 참으로 아리송하다.

늦게 배워서 재미를 붙이면 도둑이 아니라도 날 새는 줄도 모르긴 누구나 마찬가지일 거다. 늦게 배운 그림, 늦게 배운 글, 늦게 배운 춤처럼. 진즉 알지 못한 아쉬움까지 더해 밤이 새도록 몰두하는 일이 신나고 행복할 터.

내겐 늦게 배운 차 덖기가 그랬다.

무차 덖는 일이 숙련되어 갈 즈음, 이번엔 비트차가 혈관에 좋다는 말을 들었다. 몰랐으면 모를까, 일단 알고 나면 궁금증이 생겨 지나치질 못한다. 그때만 해도 콜라비와 비트를 헷갈릴 정도로 두 가지 다 알지 못했다. 콜라비도 제주도에 와서 처음 먹어봤다. 처음엔 겉이 보라색이라 속도 보라색인 줄 알았다.

속까지 같은 색은 비트였다. 검붉은색이 비호감이라 손을 대 본 적이 없던 비트로 차 덖기에 도전하던 날. 밖엔 눈이 내리고 있었다. 비트도 무를 썰 때처럼 채칼을 이용할 생각이었다. 무보다 물러서 칼질이 수월했다. 우선 감자 칼로 껍질을 벗기자 붉은 물이 뚝뚝 떨어졌다. 물들지 않게 거실 바닥에 신문지를 깔고 만반의 준비를 마쳤다.

채칼질을 하다가 고개를 들면 거실 창 너머로 하염없이 내리는 눈송이. 집 안은 조용하고, 점점 수북이 쌓여 가는 비트 채. 점점 붉은색으로 물들어 가는 손.

바깥 풍경이 그림 같아서인지 백설공주가 생각났다. 바늘에 찔려 피 한 방울이 눈 위에 떨어지자, 왕비가 소원을 빌었다지. 눈처럼 하얀 얼굴에 핏빛처럼 붉은 입술을 한 아이를 낳게 해 달라고. 그 대목이 내 그림과는 달랐다. 왕비가 흘린 피는 한 방울인데 내 손바닥은 온통 붉은색 범벅이니.

게다가 채칼에서 썰려 나오는 비트 채는 아무리 봐도 육회처럼 생겼다. 배를 깔고 비트 채를 올린 후, 달걀노른자를 위에 얹고 참기름과 깨소금을 솔솔 뿌려놓으면 육회로 속이기 딱 맞춤이었다. 눈으로만 맛보는 게 아쉬울 지경이었다. 동화에서 시작한 상상은 엉뚱하게 속임수가 깔리더니 점점 방향을 잃기 시작했다.

채칼로 썰 수 없는 꼭지 부분을 썰기 위해 부엌에 가서 칼을 가져오다 무심히 고개를 돌렸다. 식칼을 손에 쥔 내 모습이 전신거울에 비쳤다. 순간 악, 소리를 낼 뻔했다. 부스스한 머리칼, 화장기 없는 얼굴, 핏기 없는 입술, 구부정한 어깨에 손에 쥔 칼, 피범벅 된 손…. 오랫동안 품었던 복수를 방금 끝낸 한 많은 여자의 모습 아닌가. 살인자가 왜 거기서 나와?

복수라. 클림트의 〈유디트〉가 떠올랐다. 적장을 술로 유혹해서 잠재운 후, 칼로 목을 베어버린 여인 유디트. 얼핏 보면 남자의 머리카락을 애무하는 듯한 손가락이며 오르가슴에 도달한 듯한 표정은 정사의 한 장면 같은데,

적국의 여인에게 빠진 남자는 그 대가로 목을 내주고 말았다.

기왕에 손에 피를 묻히고 칼을 쥐고 있으니 유디트가 되어 볼까. 고개를 오른쪽으로 약간 기울이고 입술은 윗니만 보일 정도로 벌리고 눈은 황홀경에 빠진 것처럼, 오른팔은 배꼽 위로, 손가락 움직임도 섬세하게…. 그림을 골똘히 보면서 흉내를 내보았다. 그런데 게슴츠레 뜬 눈은 졸음에 겨워 보이고, 헤 벌린 입술은 어딘가 모자란 여자 같았다. 무엇보다 유디트의 배꼽. 세로로 패인 그것과 비교할 때 내 배꼽은 감은 눈처럼 가로로 누워 있었다. 한눈에도 지방질 덩어리인, 둥글게 부푼 배하고는….

누가 볼세라 눈을 크게 뜨고 입부터 다물었다. 팜므파탈 유디트를 흉내 낸다는 게 언감생심 말이 되나. 더구나 비장한 명분도 없이.

"유디트, 실례가 많았어요. 미안합니다."

입에서 엉뚱한 말이 튀어나왔다. 스스로 봐도 내 모습이 어지간히 희극적이었나 보다. 누가 웃긴 것도 아닌데 웃음이 터졌다. 하긴 내가 나를 웃기긴 했다.

눈 오는 날, 비트차를 만들다가 혼자 호러영화 한 편

찍었다. 몰골은 영락없는 범죄자인데 자꾸 큰 소리로 웃고 있으니 극적 효과가 더하려나.

눈이 오면 눈사람 만들 생각에 뛰어나가던 시절은 가물가물해졌다. 녹으면 질척거리거나 얼어서 빙판이 되는 것이 겁나서 나가는 것보다 집 안에서 창 너머 풍경을 보는 것으로 만족한다. 그런 날 비트를 썰면서 혼자 놀고 있다. 고요한 시간, 반복적인 동작, 아무 생각 없이 몰두하는 이 시간….

눈은 그칠 줄 모르며 내리고.

오름에 온 눈

환상 풍경

풍경 퍼즐을 완성하는 조각들

성산 쪽으로 갈 때는 해안도로를 탄다. 소금막 해변을 지나 '배고픈 다리'를 건너는 재미에 일부러 그쪽으로 방향을 잡는다.

배고픈 다리는 올레 3코스에도 표시되었을 만큼 꽤 알려진 다리다. 한라산에서 시작한 물줄기가 바다에 닿는 천미천 끝자락에 놓인 다리로, 길이는 30m나 될까 싶게 짧고, 폭은 차 한 대 겨우 다닐 정도로 좁은 데다 기둥을 세우고 올리지도 않았다. 마치 징검다리를 연결해서 시멘트를 발라 만든 모양새다. 천미천을 가운데 두고 양쪽이 비탈이라 다리를 놓은 것인데, 가운데가 푹 꺼져 있어서 배고픈 다리라고 부른단다. 생긴 모양부터 이름까지 왠지 연민을 불러일으키는 '배고픈 다리'.

그렇다고 그 다리가 항상 배곯은 죽상으로 누워 있는 것만은 아니다. 한라산에 비가 많이 오면 실개천부터 폭넓은 하천까지 천둥소리를 내며 물줄기가 바다로 내달릴 때가 있다. 여기 사람들은 '내창 터졌다'고 한다. 평소에는 바짝 말랐던 건천이 범람할 것처럼 몸을 틀며 포효하는데, 배고픈 다리의 배가 빵빵해질 때가 그때다. 차도 사람도 절대 접근 금지. 개도 먹을 땐 건들지 않는다고, 모처럼 포식하고 있는 다리를 건드리면 어떻게 될지. 귀띔하자면 시멘트 다리도 물 수 있다는 것. 꺼진 배를 밟고 가라고 내놓을 정도면 온순하고 인정 많은 다리라고 얕보지 말 것.

좁은 다리를 건널 때면 물 위를 걷는 기분이라 그 길을 찾는 사람이 많은데 나도 그중 하나다.

유채와 무꽃이 흐드러진 4월, 빗방울이 듣기 시작할 때 다리 초입에서 삼색이 고양이를 보았다. 고양이를 보면 카메라부터 들이대는데, 대부분은 잽싸게 도망쳐서 찍기가 쉽지 않다. 그런데 이 고양이는 경계를 하면서도 움직이지 않았다. 앞발로 누르고 있는 제 몸집만 한 생선 때문이었다. 생긴 건 조기 같은데 크기는 월척이었다.

파도에 쓸려 온 것인지, 낚시꾼이 던져 준 것인지, 가까이 있는 해신당에서 내놓은 것인지는 알 수 없지만 고양이로서는 살면서 가장 큰 먹이를 차지한 날일 터.

'모른 척 그냥 지나가 주면 안 되겠냐옹?'

마뜩잖은 듯 눈빛을 쏘아대는 녀석.

'뺏을 마음은 없어. 잠깐 모델이 되어주면 안 될까?'

최대한 몸을 낮추며 마음이 전해지길 바라는 나.

한동안 대치하며 정적이 흐른 후, 녀석은 나를 투명 인간 취급하기로 마음먹은 듯했다. 야무지게 생선 아가미 쪽부터 공략하기 시작했다. 최고의 성찬을 즐기는 고양이의 표정은 황홀경, 그 자체였다. 눈을 감은 채 오로지 비린 맛에 취해 있었다. 내일 또 주린 배로 먹이를 찾아 헤매는 신세가 될지언정 그 순간만은 부러울 게 없어 보였다. 그럼에도 서둘지 않고 음미하는 모습에서 품위마저 느껴졌다.

그날은 배고픈 다리도 배고파 보이지 않았다. 민물과 바다가 만나는 자리에 빗물까지 더해졌으니.

누군가 배불리 먹는 모습을 보고 있자면 나도 포만감을 느낀다. 눈으로 배를 채운 나는 그 자리를 떴다가 두 시간 후 다시 다리 쪽으로 돌아왔다. 다리를 건너며 고양이를 찾았으나 보이지 않고, 고양이가 먹던 생선만 남아 있었다. 대가리와 꼬리가 그대로 남아 있고, 내장 쪽 몸통만 일부러 베어낸 듯 온전한 모양이었다. 고양이가 가장 선호하는 부분만 먹고 떠난 듯했다. 먹다 남은 것은 물고 갔으리라는 내 예상은 빗나갔다. 아무려면 다 먹지도 못할 거면서 냉장고가 터지도록 쟁여놓는 나와 같을 리가.

우아한 미식가가 제 양만큼 먹고 떠난 자리에 남은 생선. 몸은 죽었어도 정신만은 죽을 수 없다는 뜻일까? 눈알은 여전히 반짝였다. 그때 가마우지가 그리로 날아오는 것이 보였다.

풍경의 주인공은 하나가 아니었다. 배고픈 다리도 고양이도 물고기도 가마우지도 어느 하나 빠져서는 완성할 수 없는 풍경이었다. 나도 슬며시 그 틈에 스며들었다.

제비의 강남은 어디인가

5월 어느 흐린 날, 당케포구에 가니 유독 제비가 많이 보였다. 바닥에 닿을 듯 낮게 날다가 급선회해서 포물선을 그리곤 마을 쪽으로 날아갔다. 먹이를 구해서 둥지에 있는 어린것에게 먹일 생각에 바쁜 걸까. 어떤 녀석은 바짝 스치고 지나가는 바람에 이마에 부딪히는 줄 알고 놀랐지만, 물찬제비의 비행이 그렇게 어설플 리가. 눈 깜빡일 새 벌써 멀어졌다.

날씨 탓에 처지던 기분이 제비의 비상을 따라 상승한다. 바닷가에도 들판에도 상가에도 제비가 많이 보이니, 제주가 청정지역이라는 게 실감난다. 도시에서는 오래전에 자취를 감추어서 우리나라에선 못 볼 줄 알았던 새다. 몇 년 전 지방 도시의 휴게소에서 제비 둥지를 보았는데, 많은 사람이 새끼에게 먹이를 물어다 주는 어미 제비를 넋 놓고 보던 기억이 난다.

그런 제비를 제주 사람은 참새 보듯 한다. 그러다 추석 무렵이 되면 뉴스에 제비가 등장한다. 제비 떼가 상가 주변에 몰려들어 똥을 싸는 바람에 밖에 물건을 진열할 수 없다는 하소연과 어떻게 좀 해달라는 민원이 들어온다는 소식이다. 육지에서는 접할 수 없는 이색 뉴스다. 민원에 대한 답변.

"제비는 곧 떠납니다. 1, 2주만 참아주세요."

날아다니는 새가 똥을 싼다고 길을 막을 수도 없고, 제비 화장실을 따로 만들 수도 없는 노릇. 사람이 참는 것밖엔 방법이 없단다. 그 답변이 재미있어서 웃는다.

지난해 제비가 강남 가기 전에 긴급회의를 소집하는 장면을 보았기 때문에 뉴스가 더 실감난다. 추석 연휴를 회의 날짜로 잡았는지, 표선 면사무소 사거리에 제비가 모이기 시작했다. 해수욕장 가는 벚나무 가로수란 가로수는 가지가 보이지 않을 만큼 제비가 날아와 앉았다. 인근에 있는 제비라는 제비는 다 온 듯했다. 벚나무에 이변이 생겼다. 난데없이 제비 꽃이 핀 것이다. 땅에 피는 제비꽃은 수줍은 듯 고개를 숙이는데, 나무에 핀 제비 꽃은 요란스럽기 그지없다. 잠시도 가만히 있지 못하고 들썩대는가 하면 시끄럽기까지 하다.

먼저 온 녀석들이 가지를 다 차지해서 늦게 온 녀석들은 전깃줄에 내려앉았다. 그 많은 제비가 한 방향으로 앉는 것도 신기한데, 바로 옆 표선초등학교 가는 도로 벚나무 가로수에는 한 마리도 앉지 않는 건 더 신기했다.

모이는 시간은 오후 4시를 전후로, 3시간 회의하고 오후 7시에 해산(집에서 기다리는 새끼들이 있으니까 깜깜하기 전에 끝내기). 주제는 강남 가는 날 정하기. 한날한시에 떠나기로 약속. 사거리는 온통 '지지배배, 지지배배'로 귀가 멍할 정도다. 이 사정, 저 사정으로 이견이 좁혀지지 않는지 저마다 한 마디씩이다.

제비의 회동은 하루로 끝나는 게 아니다. 일주일에서 열흘 가까이 역시나 그만큼씩 모여든다. 그러니 그 시각에 지나가는 사람도, 자동차도 제비의 똥 세례를 피할 수가 없다. 상점은 차양을 접고 노변에 진열했던 물건을 안으로 들여놓아야 한다. 제비의 회동이 지나면 벚나무 줄기와 보도블록에 하얀 제비 똥 무늬가 남는다. 일부러 그린 듯 제법 예술적이다.

구경꾼인 나야 머리에 똥이나 맞지 않으면 그만이지만, 상인들은 며칠 동안 장사에 지장을 받을 만도 하다. 민원을 제기하는 심정을 알 것 같다. 그럼에도 표선면 상가 사람들은 해마다 겪는 일이라서 그런지 민원까지 넣지는 않는다.

제비 또한 사람들의 배려를 믿고 상가 밀집 지역에서 대규모 집회를 여는 모양이다. 새 중에서 사람을 피하긴커녕 가까이에 둥지를 트는 새가 제비라고 한다. 절벽 같은 수직면에 둥지를 짓는데, 집의 벽면이 안성맞춤인 데다 사람에게 보호받는 걸 안다고 한다. 빈집에는 뱀이나 다른 천적이 있을까 봐 짓지 않는다니 제비, 생김새만큼이나 똑똑한 새다.

어느 날 제비에 관한 기사가 눈에 들어왔다. 제주도에

서 여름을 난 제비가 가는 '강남'이 어디인가 하는 내용이다.

지난해(2023년) 초중고 4개 학교 '제비 생태 탐구' 동아리 학생들이(그중에 표선고등학교가 포함되어서 반가웠다) 화북동, 효돈동 일대에서 제비를 잡아서 다리에 링을 부착해서 보낸 후 올해 이동 경로를 분석했다는 소식이다.

8월 말에 제주에서 출발한 제비들이 일본, 인도네시아를 거쳐 9월 중순~10월 초 필리핀 루손 섬에 도착해서 월동한 후, 2월 말 대만과 중국을 거쳐 3월 초에 제주로 귀환한 경로를 알아냈다고 한다. 갈 때보다 올 때 시간이 단축되는 게 우회하지 않고 직항(?)으로 날아오기 때문이라는 게 흥미롭다.

나는 제비들이 그만큼 제주로 돌아올 날을 꼽고 있었다고 해석한다. 영리한 녀석들이니 제주의 풍광과 환경에 대한 기억이 살아 있을 테다. 검은 바위에 부딪치는 파도를 희롱하며 놀았던 기억, 여름 들판 어디나 피어있는 도채비꽃(수국)에 대한 기억, 한라산과 오름의 부드러운 능선을 눈에 담았던 기억…. 내게 아름답게 남은 풍경이 제비에게도 새겨 있으리라 생각하고 싶다.

정도 깊으면 병이라더니, 제주에 대한 미련이 남은 몇

녀석은 시월이 다 가도록 떠날 생각을 하지 않았다.

오스카 와일드의 동화 《행복한 왕자》에 나오는 제비를 흉내 내고 싶은지는 모르겠으나, 선한 일을 하다 의로운 죽음을 맞이할 것도 아니고, 해찰하다 가야 할 때를 놓치면 어떻게 하려고. 남은 대여섯 마리 중에 정신 차린 한 마리가 대장이 되어 모임을 소집했으면 하는 조바심이 일었다. 기온이 갑자기 떨어지지 않길 얼마나 바랐는지.

그때 당케포구에 늦도록 남아 있던 제비가 방금 이마를 스치고 간 그 녀석일까. 강남에 잘 다녀왔다고 알리고 싶었던 걸까. 그렇게 믿고 싶다.

물 위에 뜨는 마을

카페 '물썸'의 통창은 기역자 형이다. 가로 쪽 창으로는 목장의 초원이 들어오고 세로 쪽은 바다가 시원하게 펼쳐져 있다. 멀리 있는 성산일출봉도 보인다.

어느 날 무심코 바다를 보고 있는데, 수평선 위로 마을 하나가 보였다. 아스라이 보이는 섬처럼. 처음엔 우도인 줄 알았는데 그 위치가 아니었다. 게다가 난산리에 있는 기상 관측소와 똑같은 관측소가 그곳에도 있었다. 그 뒤로 펼쳐진 오름의 능선조차 똑같았다. 빨갛고 파란 지붕의 높낮이도 마찬가지. 아무리 봐도 난산리였다. 그러나 난산리는 중산간 마을이라 바다에서 떨어져 있다. 왼쪽으로 고개를 돌리면 난산리가 선명하게 보이는데, 안개에 싸인 듯한 또 다른 난산리는 왜 수평선에 떠 있는지.

해가 초원 위에 있을 때 창에 반사되어 보이는 풍경이다. 맑은 날만 나타나는 신기루 마을. 그것도 꺾인 창에만 보이는 섬마을. 햇빛에 의해서 나타났다 사라지는 모습이 피안의 세상 같았다. 그래서 그 마을 이름을 옛 지명대로 '난뫼'라고 부르기로 했다. 아무리 뜻이 좋아 난이 피는 산이라 해도 발음상 '난산'은 고통부터 연상시키는 지명이니 말이다.

그 난뫼 마을이 맑은 날만 보이는 것처럼 주민들은 영혼이 맑은 사람일 것 같다. 다툼도 없고 시기, 질투도 하지 않고 욕심부리지 않고 정을 나누는 사람들.

만일 내게 그 마을에 가고 싶은 사람에게 통행권이나 숙박권을 줄 수 있는 능력이 있다면….

학비며 생활비를 버느라 여행은 꿈꾸지 못하는 아르바이트생, 남편을 병간호하느라 하루도 자리를 비울 수 없는 아내, 혹은 그런 남편. 헤어진 지 한참 되었어도 이별을 받아들이지 못하는 사람… 마음이든 몸이든 상처 입은 사람들에게 주고 싶다.

돌담 안에 동백꽃이 핀 길을 산책하고, 길섶의 수선화 앞에 쪼그려 앉아 향을 맡아 보고, 다방(진짜 다방이 있다)에서 커피도 마시면서…. 그 마을은 중산간이 아닌 바다 위에 떠 있으니 파도 소리를 실컷 들을 수 있겠다. 좀 멀리 가고 싶은 사람은 오름을 찾아가도 좋겠다. 그곳은 시간이 흐르는 것도 현실과는 다르리라.

한참 동안 물 위에 뜬 마을을 바라보고 있을 때다. 익숙한 집이 보이고, 그 집에서 강아지 '올레'를 앞세우고 나오는 한 사람이 보인다. 내가 유일하게 알고 있는 난산리 주민이다.

눈 오는 날 전화해서서 두 시간 동안 눈송이 같은 이야기로 정을 소복소복 쌓은, 목련 피는 날 와서 보라고 부른, 팔월 땡볕 아래 감물 들이는 방법을 가르쳐 준, 봄에 두 번 과수원 검질(밭매기)을 도우면 11월엔 두 그루의 귤을 따가게 하는, 그리고 '난뫼'라는 예쁜 지명을 알려 주신 시인.

오늘은 어쩐 일로 중산간 쪽이 아닌 바다에 있는 난뫼에서 물 건너오시려는 건지.

풀밭에 내려앉은 갈매기

목장에 처음 본 광경이 펼쳐졌다.

오늘 나온 소는 열네 마리. 소 떼가 모여 있는 자리는 늘 다르다. 대장 격인 소가 정해주는지 축사 가까이 있을 때가 있고, 바다 쪽으로 내려올 때도 있다. 오늘은 초원 가운데로 정했는지 다들 그쪽으로 움직이고 있다. 그런 소를 따르는 하얀 물체가 보인다. 처음엔 강아지인 줄 알았다. 소의 걸음에 맞춰 종종거리며 앞뒤로 뛰어다니는 것이 귀여워서 웃음이 나는데, 그중 한 마리가 훌쩍 날아오른다.

이런~, 갈매기다. 안경을 벗고 보는 바람에 강아지로 착각했다. 목장과 바다가 닿아 있어서 갈매기가 보이는 건 당연한 일이지만, 오늘은 웬일인지 바다에 솟은 검은 바위는 비워두고 죄다 목장에 와 있다. 그것도 몇 마리는 소와 한 쌍을 이뤄 발맞춰 걷는 중이다.

한참을 보니 먼저 가서 자리 잡은 소 떼 옆에도 갈매기들이 모여 있다. 갈매기가 풀을 먹는다는 말은 들어본 적이 없는데 멀리서 보면 소가 하는 행동을 따라 하는 것처럼 보인다.

도대체 종種이 다른 녀석들이 몇 시간째 어울리고 있는 이유가 무얼까. 궁금한 김에 유치한 상상이나 해 본다. '세상에 이런 일이'에 나올 법한 미팅 장면이 아닐까 하고. 아주 근거 없는 소리가 아닌 것이 숫자도 얼추 비슷하다.

다른 소에 비해 털빛이 연해서 사람으로 치면 우윳빛 피부에 해당하는 소에겐 갈매기 두 마리가 따라붙었다. 두 마리 소가 그중 인기가 많아 보인다. 그런데 한 녀석이 제 미모에 자만한 모양이다. 꼬리에 힘을 주어 뻣뻣하게 세운 뒤 시원하게 똥 덩어리를 뚝뚝, 연신 풀을 뜯으면서 뒤로는 장 비우기 운동까지 한다. 인풋, 아웃풋을 한꺼번에 하는 것도 능력인데, 유유자적 걷고 있는 품새로 보아 멀티 플레이어까지 가능한 녀석. 갈매기가 똥 떨어지는 소리에 놀라거나(갈매기에게는 바윗덩어리 떨어지는 소리쯤 되지 않을까) 점잖지 못한 행동에 실망해서 돌아설 줄 알았는데, 무슨 팜므인지 옴므인지 파탈까지 겸비한 녀석인가, 여전히 걸음을 맞추고 있다.

파트너를 정한 녀석이 있는가 하면 마땅히 끌리는 상대가 없는 녀석들은 모인 김에 단체로 놀기로 작정한 모양이다. 너른 초원에 바람도 시원하겠다, 귀에 익은 파도

소리마저 감미로운 듯, 소풍도 이런 소풍이 없겠다.

아무리 재미있어도 그렇지, 갈매기가 초원에서 올 생각을 안 하니까 바다가 휑하다. 저렇게 오랫동안 비워놓을 만큼 솔깃하는 비하인드 스토리라도 있는 걸까.

소가 한마디 하는 모양이다.

"갈매기들아. 너희가 우리 좋아서 따라다니는 건 알겠는데, 너무 오래 있는 거 아니냐?"

그러자 갈매기가 콧방귀를 뀐다.

"꿈 깨라. 어디서 배부른 인간의 헛된 공상을 흉내 내냐? 우리는 너희가 걸을 때마다 풀에서 튀어나오는 벌레를 잡아먹으려고 옆에 붙어 다니는 거야. 더러는 도둑게가 바다에서 나와 이 풀밭까지 기어 오기도 하니까 먹거리를 찾아 나선 거지. 바닷속이 점점 오염돼서 방사능 물고기, 플라스틱 조각 먹은 물고기가 생기니 겁나기도 하고."

갈매기의 일갈은 나 들으라고 하는 소리였다. 소와 갈매기의 미팅이라니, 그야말로 소가 웃을 일 아닌가. 살기 위해선 하루도 먹지 않으면 안 되는 목숨붙이의 숙명을 허투루 보고 상상했던 거다.

그나저나 갈매기까지 풀밭으로 먹이를 찾아 나설 정도

면 저 바다는 안녕하시려나.

길이 바다에서 태어난다는 설說

저녁 일곱 시 비행기로 제주에 내려오는 날이었다.

도심을 벗어난 비행기는 서해 위를 날고 있었다. 해가 지기 시작했다. 하늘에서 보니 해가 천천히 가라앉는 게 아니라 통째 바닷물에 빠지는 것 같았다. 바다에 빠진 해가 수평선에 허리를 베었는가. 서서히 배어 나오는 붉은 빛. 출혈이 멎지 않는 듯 수평선 따라 띠를 이루는 핏빛 노을.

내려다보이는 노을은 더 짙고 더 길고 더 오래 머물렀다. 서서히 '개와 늑대의 시간'이 물들어 왔다. 낮과 밤의 경계, 사물의 형체가 모호해지기 시작하는 때. 바다에 연한 육지의 선은 시간이 흐를수록 더 또렷해지고 섬들도 도드라져 보였다. 20분을 넘지 못하는 매직 아워에 보이는 실루엣이다. 그때 가장 분명하게 보이는 것은 길이었다.

길이 혈관처럼 드러났다. 길에서 피가 돌기 시작했다. 그 길의 시작은 어디일까.

낮에 본 길은 도시를 중심으로 사방팔방 뻗어나가는 것처럼 느껴졌다. 팔 차선이나 되는 동맥에서 뻗어나 지방으로 갈수록 실핏줄로 가늘어지는 것으로.

해가 떨어지고 노을이 빛을 대신 하는 저녁 7시 30분 정도, 하늘에서 본 길은 바다에서 올라오고 있었다. 이제 막 진화하여 뭍에 오르는 바다 생물처럼.

얼마 전 읽은 최민자 수필가의 〈길〉이 떠올랐다.

> 길은 애초 바다에서 태어났다. 뭇 생명의 발원지가 바다이듯, 길도 오래전 바다에서 올라왔다. 믿기지 않는가. 지금 당장 그대가 서 있는 길을 따라 끝까지 가보라. 한 끝이 바다에 닿아 있을 것이다.

처음부터 그 설說을 믿은 건 아니었다. 기발한 발상이라고 생각했는데, 눈으로 확인하니 그 말이 맞았다. 뭍에 다다른 어린 길이 물기를 털고 올라오자 금세 성장하기 시작했다. 젊은 길은 빠른 속도로 육지를 향해 내달았다. 마치 게릴라 작전을 수행하듯, 야심할 때 더 많이 진격해야 한다는 듯. 몸을 숨길 의도는 아예 없어 보였다. 노을이 사라지고 먹빛 어둠이 내리자, 저마다의 몸에서

불을 밝혔다. 길은 스스로 발광체가 되어 직선으로도 뻗고 곡선으로도 굽어 갔다. 일사불란, 목적지는 육지의 깊숙한 곳.

 가만히 보니 길은 저마다 등에 집을 한 채씩 지고 있었다. 다다른 끝에는 길이 내려놓은 집이 어김없이 놓여 있었다.

 혼자 있는 걸 두려워하거나 누가 있어야 안도하고 큰 소리치는 사람들을 위해서는 더 많은 집을 날라다 주어야 해서 수직으로 쌓느라 바빠 보였고, 혼자 살고 싶어 하는 자연인 같은 사람들을 위해선 외줄 같은 길이 아슬아슬하게 산비탈을 기어오르고 있었다. 집이 필요한 사람 때문에 길은 밤낮없이 달리고 있었다.

 밤낮없이…. 그러고 보면 어떤 길은 길고양이나 뱀이 다니는 길을 닦고, 허공에 나비와 새의 길을 냈다. 낙타가 다니는 길을 만들 땐 바다에서 젖었던 몸이 버석하게 말랐다. 길은 숨 쉬는 것들하고 관계를 맺고 있었다. 내가 하늘에 낸 길로 이동하고 있는 그 순간에도. 그러니 길도 살아 움직이는 생명체가 아닐까. 바다로부터 끊임없이 혈액을 공급받아 움직이는 생명체.

 비행기 창에 이마를 바짝 대고 길의 움직임에 정신 팔

렸을 때, 곧 착륙한다는 기내 방송이 나왔다. 하늘길이 방향을 틀어 아래로 향하기 시작했다.

내가 본 환상 풍경이 궁금하다면 그대여, 5월 중순쯤 저녁 7시에 출발하는 김포 제주행 비행기를 예약하시라. 잊지 말 일은 반드시 창가 자리여야 한다는 것이다.

바다와 비행기

에필로그

일뤠 강생이, 배롱허게 보이는 것처럼

강아지는 강생이, 고양이는 고냉이, 망아지는 몽생이. 그럼 송아지는? 송생이? 아닌 것 같은데….

지금 내가 아는 제주어 수준은 '일뤠 강생이 배롱허게 보이는 것' 정도다. 그래도 그 말이 태어난 지 이레쯤 된 강아지 눈에는 사물이 미약하게 보인다는 뜻이란 건 안다. 기회가 있을 때마다 받아 적은 덕분이다. 지금 내 모습이 일뤠 강생이 같아서인지 귀에 들어온 말이다.

제주에 올 때는 '하룻강아지 범 무서운 줄 모르고' 덤비고 보자는 마음이었다. 이레가 지나도 천지 분간이 안 되는데 하룻강아지라면 말해 뭐할까. 낯선 세상에 떨어져, 들리지도 보이지도 않는 상태에서 본능적으로 더듬더듬 앞을 향해가는 강아지 모습. 낯선 삶을 살아보겠다는 나도 그와 비슷하지 않았을까.

'하룻강아지 범 무서운 줄 모른다'는 말은 좋게는 용감하다는 칭찬이고, 한편으로는 무모하다, 어리석다는 비아냥이기도 하다. 다행히 주변에서 용감하다고 추어주고, 부럽다는 말로 응원해 주기도 했다. 그러나 생각해 보니 나는 그냥 생각이 없었던 거다. 하룻강아지는 용감하지도 무모하지도 않다, 보다는 아예 그런 게 뭔지도 모른다. 앞에 호랑이가 있는 줄도 모른다. 그냥 발발거리며 기어 보는 거다. 움직여야 살아 있는 목숨이니까.

나라는 하룻강아지는 운이 억세게 좋아서 눈앞에 호랑이가 버티고 있는 게 아니라, 제주라는 아름다운 섬이 기다리고 있었다. 호랑이 아가리가 아니라서 얼마나 다행인가. 그랬던 하룻강아지가 지금은 일주일쯤 자랐을까. 어둠뿐인 동공에 빛이 스미더니 차츰 사물의 형체가 보이기 시작한다. 한마디도 알아듣지 못했던 제주어가 귀에 들어오는 걸 보니 귀도 열리기 시작했나 보다.

내게는 제주가 대한민국에 속한 제주특별자치도가 아니라 '탐라국', 독립된 나라로 보인다. 언어와 문화의 차이도 있지만, 사람들의 의식 또한 다르기 때문이다. 나는 어디에서도 그렇게 눈이 빛나는 사람들을 본 적이 없다. 마치 한 사람처럼. 눈이 빛난다는 건 생의 의지가 강하다는 뜻 아닌가. 자부심이 대단하고 당당한 그들. 특히 나이가 들었어도 눈에 생기가 도는 것이 꽤 인상적이었다. 늙고 병들어가면 대부분 기가 죽고 의욕이 상실할 텐데도, 약한 모습을 보이는 노인을 본 적이 거의 없었다.

일과 삶을 하나로 여기는 이들에겐 활기가 넘쳤다. 그 모습이 낯설면서도 끌렸다. '외강내유'라고 하면 설명이 될까. 겉모습이 강해 보여도 속마음은 부드러운 사람들. 도시에서 무표정하고 이기적인 사람들(나도 만만찮은 그중 하나)을 보다가, 따뜻한 정을 받으면 그조차도 낯설었다.

제주 사람들이 보기에도 내가 일뤠 강생이로 보였을 테다. 배롱허게 보인다는 건, 아직 아무것도 제대로 알지 못할 때. 이해하고 배려하려는 마음이 그 말에 포함되어 있다. 나도 그런 배려를 여러 번 받았다. 그렇다고 친절하게 대한 건 아니었다. 말랑말랑한 친절을 기대했다면 무덤덤한 겉모습만 보고 실망할 수도 있다.

흔히들 섬사람들은 배타적이라고 한다. 그러나 노래에

도 있듯 섬 처녀를 울리는 건 육지에서 온 남자다. 남자만 섬 처녀를 울렸을까. 만남보다 헤어질 때 잘해야 한다고 생각하는 섬사람들은 상처를 주고 돌아선 등을 꽤 여러 번 보았으리라. 제주 삼무(도둑, 거지, 대문)가 옛말이 되었고, 마음의 문조차 빗장을 걸게 된 게 그들 탓인지 생각해 볼 일이다. 그럼에도 그들이 여전히 순박하고 정직한 바탕은 어디에 뿌리를 두고 있는 것인지.

내겐 제주에 대한 호기심 중에 1순위가 사람인 까닭이다.

'배롱허게' 보이는 것도 궁금증을 부추긴다. 해무에 가려 모호해진 수평선, 안개 속인 듯 분명하지 않은 풍경, 베일에 싸인 듯 윤곽이 뚜렷하지 않은 얼굴, 저물녘의 실루엣…. 흐릿해서 더 신비롭고 알고 싶은 세상. 제주에서 알아가는 모든 것들이 그랬다. 제주 사람들의 삶도 마음도, 제주의 역사와 문화도….

태어난 지 이레밖에 안 된 강아지 눈으로 세상을 보는 것, 꽤 괜찮은 일이다. 뭐든지 알고 싶어서 잠시도 가만히 있지 못하는 강아지처럼 호기심이 많다면 그만큼 마음도 몸도 바쁠 테니까. 부옇던 눈으로 보던 사물이 하루가 다르게 선명해질 때의 기쁨을 누리는 것도 일뤠 강생이라서 가능한 일이니까.

제주에서의 삶. 하룻강아지가 일뤠 강생이가 될 만큼의 시간이었다. 1년이 2년이 되더니 금세 4년을 채웠다. 갖은 핑계를 만들어가면서 얻어낸 긴 휴가였다. 알면서도 속는 체하며 자유롭게 살도록 도와준 남편 덕분이다.

그동안 놓치거나 잊힐 것이 아쉬워서 적어본 이야기가 한 권 분량이 되었다. 책 한 권 내는 것이 혼자 힘으론 어렵다는 걸 이번 책을 내면서 절실히 알았다. 대화체를 제주어로 쓸 때는 김순이 시인의 도움이 없이는 말맛을 살릴 수 없었다. 주저앉고 싶을 때마다 방향을 잡아주신 나의 스승, 손광성 선생님이 가까운 남원읍에 계시어 제주살이에 큰 의지가 되었다. 두 분께 깊이 허리 숙여 감사드린다.

아, 그리고 끝까지 읽어준 독자에게 궁금증을 남기는 건 예의가 아닌지라⋯ 송아지는 제주어로 '송애기'라고 한단다(방금 전 알았다). 제주어는 어쩜 이토록 정겨운지. 송아지보다 훨씬 더 송아지스러운 송애기. 더 많은 제주어를 알지 못하는 게 아쉽기 짝이 없다. 그러니 나의 제주 이야기는 여전히 진행 중이다.

  송아지는 태어나자마자 바들바들 일어선다. 나도 그렇게 다리에 힘을 주련다. 일뤠가 지난 송애기 눈에 비친 세상은 어떨까, 벌써부터 그 세상을 생동생동하게 그려보고 싶다.

2024년 겨울

이혜숙

이혜숙 산문집

제주의 13월 늘작늘작 댕기멍···

초판인쇄 | 2024년 12월 9일
초판발행 | 2024년 12월 13일
지 은 이 | 이혜숙
펴 낸 이 | 김경희
펴 낸 곳 | 말그릇
    (우)02030 서울시 중랑구 공릉로 12가길 52~6(묵동)
    전 화 | 02-971-4154
    팩 스 | 0504-194-7032

    이메일 | wjdek421@naver.com

    등록번호 2020년 1월 6일 제2020-3호

ⓒ 이혜숙, 2024
값 16,000원

ISBN 979-11-92837-19-2 (03810)

- 저자와 합의하에 인지는 생략합니다.
- 잘못된 책은 구입하신 곳에서 교환해드립니다.
- 이 책의 글과 사진의 저작권은 저자와 출판사에 있습니다. 허락 없이 발췌나 복제를 금합니다.

※본 도서는 제주시, 제주문화재단의 '2024 제주문화예술재단 지원사업' 후원을 받아 출판되었습니다.

이 도서의 국립중앙도서관 출판예정도서목록(CIP)은 서지정보유통지원시스템 홈페이지(http://seoji.nl.go.kr)와 국가자료종합목록 구축시스템(http://kolis-net.nl.go.kr)에서 이용할 수 있습니다.